SAP®-Schnelleinstieg: ABAP-Entwicklung in Eclipse

Christoph Lordieck

Willkommen bei Espresso Tutorials!

Unser Ziel ist es, SAP-Wissen wie einen Espresso zu servieren: Auf das Wesentliche verdichtete Informationen anstelle langatmiger Kompendien – für ein effektives Lernen an konkreten Fallbeispielen. Viele unserer Bücher enthalten zusätzlich Videos, mit denen Sie Schritt für Schritt die vermittelten Inhalte nachvollziehen können. Besuchen Sie unseren YouTube-Kanal mit einer umfangreichen Auswahl frei zugänglicher Videos:

https://www.youtube.com/user/EspressoTutorials.

Kennen Sie schon unser Forum? Hier erhalten Sie stets aktuelle Informationen zu Entwicklungen der SAP-Software, Hilfe zu Ihren Fragen und die Gelegenheit, mit anderen Anwendern zu diskutieren:

http://www.fico-forum.de.

Eine Auswahl weiterer Bücher von Espresso Tutorials:

- Antje Kunz: SAP® Legacy System Migration Workbench (LSMW)
  http://5030.espresso-tutorials.com
- Dr. Boris Rubarth: Schnelleinstieg in ABAP®
  http://5033.espresso-tutorials.com
- Thomas Stutenbäumer: SAP® Praxishandbuch ABAP Teil 1 – Konzeption, Entwicklung und Debugging
  http://5046.espresso-tutorials.com
- Rüdiger Deppe: Schnelleinstieg in SAP® ABAP Objects
  http://5094.espresso-tutorials.com
- Thomas Stutenbäumer: SAP® Praxishandbuch ABAP Teil 2 – Performance, Erweiterungen, Transportwesen
  http://5111.espresso-tutorials.com
- Marcel Schmiechen: Adobe® Interactive Forms – Interaktive Formulare in SAP®
  http://5125.espresso-tutorials.com

espresso tutorials

All you can read:
Die SAP-eBook-Bibliothek

- Ihr zentrales Nachschlagewerk für wichtige SAP-Themen
- Kostenfreier Testzugang unter http://free.espresso-tutorials.de

Bibliografische Information der Deutschen Bibliothek
Die Deutsche Bibliothek verzeichnet diese Publikation in der Deutschen Nationalbibliografie; detaillierte bibliografische Daten sind im Internet über http://dnb.ddb.de abrufbar.

Christoph Lordieck
SAP®-Schnelleinstieg: ABAP-Entwicklung in Eclipse

ISBN:	978-3-960126-65-2
Lektorat:	Anja Achilles
Korrektorat:	Christine Weber
Coverdesign:	Philip Esch, Martin Munzel
Coverfoto:	fotolia #101791987 | James Thew
Satz & Layout:	Johann-Christian Hanke

Alle Rechte vorbehalten.

1. Aufl. 2016, Gleichen

© Espresso Tutorials GmbH

URL: *www.espresso-tutorials.de*

Das vorliegende Werk ist in allen seinen Teilen urheberrechtlich geschützt. Alle Rechte vorbehalten, insbesondere das Recht der Übersetzung, des Vortrags, der Reproduktion und der Vervielfältigung. Espresso Tutorials GmbH, Zum Gelenberg 11, 37130 Gleichen, Deutschland.

Ungeachtet der Sorgfalt, die auf die Erstellung von Text und Abbildungen verwendet wurde, können weder der Verlag noch Autoren oder Herausgeber für mögliche Fehler und deren Folgen eine juristische Verantwortung oder Haftung übernehmen.

Feedback:
Wir freuen uns über Fragen und Anmerkungen jeglicher Art. Bitte senden Sie diese an: *info@espresso-tutorials.com*.

Inhaltsverzeichnis

Vorwort 7

1 Einführung in Eclipse 11
1.1 Motivation der SAP für Eclipse 11
1.2 Vorteile von ABAP-Entwicklung in Eclipse 14
1.3 Wichtige Begriffe in Eclipse 16
1.4 Allgemeine Hinweise 18

2 Eclipse einrichten 21
2.1 Eclipse und Plugins installieren 21
2.2 ABAP-Projekt einrichten 27
2.3 Oberfläche der ABAP-Perspektive 33

3 Arbeiten mit Entwicklungsobjekten 39
3.1 Entwicklungsobjekt anlegen 39
3.2 Ein Paket anlegen 42
3.3 Ein Programm anlegen 45
3.4 Strukturen anlegen 51
3.5 Funktionsbausteine anlegen 54

4 Hilfsmittel und nützliche Funktionen 59
4.1 Code-Vervollständigung 59
4.2 Syntax-Prüfung 64
4.3 Quick Fix 69
4.4 ABAP Doc 72
4.5 Vorlagen 85
4.6 Navigation 89
4.7 Funktionen im Kontextmenü 101

4.8	Versions-Historie	105
4.9	Lesezeichen	110
4.10	Transporte	112
4.11	ADT-Links	114
4.12	Aufgaben	118

5	**Debuggen in Eclipse**	**125**
5.1	Breakpoints	125
5.2	Oberfläche der Debug-Perspektive	130

6	**Fazit/Ausblick**	**135**

7	**Tastenkombinationen**	**139**
7.1	Bearbeitung	139
7.2	Navigation und Suche	140

A	**Der Autor**	**145**

B	**Index**	**147**

C	**Disclaimer**	**150**

Vorwort

Seit einiger Zeit steht nun fest, dass seitens der SAP keine Weiterentwicklung der von ABAP-Entwicklern bisher genutzten »ABAP Workbench« in der SAP GUI mehr zu erwarten ist. Mehrfach hat Thomas Fiedler als Verantwortlicher für die neu erschlossene Entwicklungsumgebung Eclipse IDE betont, dass es keine weiteren Funktionen und Verbesserungen für das alteingesessene Programmierwerkzeug der SE80 geben wird. Alle zukünftigen Anstrengungen werden in die Verbesserung der Möglichkeiten in der Eclipse IDE fließen, die auch strategisch für die Entwicklung auf Basis von SAP HANA vorgesehen ist.

In diesem Buch richte ich mich daher an Gleichgesinnte – ABAP-Entwickler, die wie ich schon in der »alten Welt« zwischen dem Data Dictionary (DDIC), dem Function Builder und der ABAP Workbench gependelt sind und sich jetzt auf eine Reise ins Ungewisse begeben. Wagen Sie wie ich den Sprung heraus aus der bekannten Workbench, in der jedes Tastenkürzel sitzt, und hinein in eine neue Welt, die erst mal einiges an Umstellung mit sich bringt, aber auch hilfreiche Funktionen zur Erleichterung der täglichen Arbeit bereitstellt.

Ich möchte Sie Schritt für Schritt an ABAP in Eclipse heranführen: Beginnend mit ein paar grundlegenden Erläuterungen dieses strategischen Schritts der SAP, widmen wir uns der ersten Hürde, nämlich dem Einrichten der neuen Entwicklungsumgebung. Bis zum Ende von Kapitel drei geht es darum, Sie zu befähigen, in der ungewohnten Umgebung zu arbeiten und die notwendigsten Schritte wie das Anlegen von Objekten, das Aktivieren und die Navigation zu meistern.

In Kapitel vier kommen dann diejenigen Funktionen hinzu, die Ihnen als Entwickler bei Ihrer täglichen Arbeit unterstützend zur Seite stehen – allen voran die Auto-Vervollständigung und die Nutzung von Quick Fixes. Auch Eclipse-eigene und damit dem versierten ABAP-Entwickler bisher unbekannte Funktionen werden ausführlich erläutert, wie z. B. die lokale Überarbeitungshistorie und der einfache Quelltext-Vergleich.

Als Abschluss der funktionalen Beschreibungen steht mit Kapitel fünf der wichtige Debugger im Fokus, um auch hier die nötige Sicherheit bei der Analyse Ihrer Anwendungen zu schaffen und damit Ihre Entwicklungskompetenz abzurunden.

Ich selbst habe vor einiger Zeit diesen Wechsel von der Entwicklung in der SAP GUI hin zur Entwicklung in Eclipse vollzogen und mich mühsam in viele kleine und manchmal auch versteckte Funktionen eingearbeitet. Mit diesem Buch möchte ich Ihnen diese lange Umstellung ersparen und in einem kompakten Aufbau alle wesentlichen Aspekte übersichtlich erläutern. Dabei erhebe ich keinen Anspruch auf Vollständigkeit. Eclipse mit der ABAP-spezifischen Erweiterung ist ein sehr umfangreiches und mächtiges Werkzeug. Mein Ziel ist, dass Sie am Ende einen guten Überblick über alles Notwendige für einen direkten Start in Eclipse haben werden.

Dieses Buch bezieht sich ausschließlich auf den reinen ABAP-Entwicklungsanteil. Andere Technologien wie BOPF, Web Dynpro for ABAP usw. werden nicht näher betrachtet, sind jedoch auch über Erweiterungen in Eclipse integrierbar. Sie werden feststellen, dass Sie sich nach einer Einfindungsphase in die Entwicklung mit Eclipse bestens zurechtfinden werden. Sobald dieser Grundstein gelegt ist, können Sie die vorhandenen Menüs erforschen und sich alle über ABAP hinaus bereitgestellten Funktionalitäten ohne Weiteres selbst erschließen.

Im Text verwenden wir Kästen, um wichtige Informationen besonders hervorzuheben. Jeder Kasten ist zusätzlich mit einem Piktogramm versehen, das diesen genauer klassifiziert:

Hinweis

 Hinweise bieten praktische Tipps zum Umgang mit dem jeweiligen Thema.

Beispiel

 Beispiele dienen dazu, ein Thema besser zu illustrieren.

Warnung

 Warnungen weisen auf mögliche Fehlerquellen oder Stolpersteine im Zusammenhang mit einem Thema hin.

Zum Abschluss des Vorwortes noch ein Hinweis zum Urheberrecht: Sämtliche in diesem Buch abgedruckten Screenshots unterliegen dem Copyright der SAP SE. Alle Rechte an den Screenshots hält die SAP SE. Der Einfachheit halber haben wir im Rest des Buches darauf verzichtet, dies unter jedem Screenshot gesondert auszuweisen.

1 Einführung in Eclipse

Trotz bestehender Entwicklungsumgebungen für die verschiedenen genutzten Technologien hat sich die SAP dazu entschlossen, in eine weitere Entwicklungsplattform zu investieren – die *Eclipse IDE*.

IDE steht für *integrated development environment*, zu Deutsch: »integrierte Entwicklungsumgebung«. Das bedeutet, dass diese Plattform im Optimalfall alle für die Entwicklungstätigkeit notwendigen Bestandteile in sich vereint, sodass keine weiteren Anwendungen oder Hilfsmittel wie etwa ein Texteditor, ein Debugger oder auch eine Versionsverwaltung der Quelldateien benötigt werden.

Warum die SAP sich zu diesem Schritt entschieden hat und welche konkreten Vorteile Eclipse für einen ABAP-Entwickler bereithält, erfahren Sie in den folgenden zwei Abschnitten. Anschließend gebe ich Ihnen einen Überblick über wichtige Komponenten der Entwicklungsumgebung Eclipse, die Ihnen im weiteren Verlauf des Buchs immer wieder begegnen werden.

1.1 Motivation der SAP für Eclipse

Für alle von der SAP bereitgestellten oder verwendeten Technologien existieren bereits die notwendigen Bordmittel oder zusätzlichen Anwendungen, um diese nutzen bzw. mit ihnen entwickeln zu können. Für ABAP-Entwickler ist das klassischerweise die *ABAP Workbench*, auch bekannt als »SE80«. Für SAP Interactive Forms by Adobe (SIFbA/AIF) steht der Adobe LiveCycle Designer und für die Entwicklung von Java-Komponenten das SAP NetWeaver Development Studio (NWDS) zur Verfügung.

Doch mit jeder neu hinzukommenden Technologie vergrößert sich das Arsenal der mit ihr verbundenen, in der Regel gleichzeitig auch unumgänglichen Anwendungen und Hilfsmittel, um sie überhaupt nutzen zu können. Im Zuge der Entwicklung von SAP HANA, der SAP-eigenen In-Memory-Datenbank, ist erstmals ein strategisches Umdenken in diesem Bereich erkennbar. Es wurde das Ziel ins Auge gefasst, sich auf eine Entwicklungsumgebung festzulegen, die für möglichst viele verfügbare Technologien genutzt und ständig erweitert werden kann. Um das zu ermöglichen, ging die Überlegung in Richtung einer Desktop-basierten Anwendung – diese schafft eine Unabhängigkeit vom dahinterliegenden System, auf dem entwickelt wird, und bietet gleichzeitig die notwendige Flexibilität für Erweiterungen und Anpassungen an die spezifischen Anforderungen der jeweiligen Technologie.

Mit dem SAP NetWeaver Development Studio hat die SAP schon in der Vergangenheit eine Desktop-basierte Anwendung für die Java-Entwicklung auf Basis von Eclipse bereitgestellt. Die SAP NWDS kommt jedoch mit einem vorinstallierten Software-Paket daher, das ausschließlich auf spezifische Bedürfnisse von Java und Web Dynpro for Java (WD4J) ausgelegt ist.

Um mehr Flexibilität zu erreichen, ohne eine weitere SAP-eigene Plattform zu schaffen, sondern möglichst nah an bereits etablierte Entwicklungsumgebungen zu reichen, fiel die Entscheidung auf die Eclipse IDE. Diese wurde 2001 von IBM vorgestellt und ursprünglich für die Entwicklung von Java und C/C++ bereitgestellt. Sie ist unter der Eclipse Public License (EPL), einer Open-Source-Lizenz, veröffentlicht und damit kostenfrei verfügbar. Sie kann durch eigene Softwarekomponenten, sogenannte *Plugins*, erweitert werden. Diese können über den Eclipse Marketplace oder über externe Bereitstellungswebseiten verfügbar gemacht und ganz nach dem eigenen Bedarf installiert werden.

Genau diese Möglichkeit hat die SAP genutzt und eigene Eclipse-Plugins entwickelt, die ständig erweitert und verbessert werden. Zur Standard-Installation von Eclipse können über die im Kapitel 2 beschriebenen Schritte die folgenden Plugins installiert werden:

- ► *ABAP Development Tools for SAP NetWeaver*, nachfolgend mit *ADT* abgekürzt,
- ► Modeling Tools for SAP BW powered by SAP HANA für die Business-Warehouse-Entwicklung,
- ► SAP HANA Cloud Platform Tools für die Arbeit auf der SAP HANA Cloud-Plattform,
- ► SAP Mobile Platform Tools für die Gateway-Entwicklung,
- ► SAP HANA Tools für die SAP HANA-Entwicklung,
- ► SAP HANA Cloud Integration Tools für die Prozess-Integration in SAP HANA,
- ► SAP Identity Management Configuration Lifecycle Tools,
- ► SAP Mobile Tools für hybride Web-Apps,
- ► UI Development Toolkit for HTML5 für die SAP-UI5-Entwicklung.

Dieses Buch beschäftigt sich ausschließlich mit dem zuerst genannten Plugin, den ADT. Dieses liefert die wesentlichen, für die ABAP Entwicklung benötigten Erweiterungen für Eclipse, inklusive zahlreicher Besonderheiten zur Erleichterung der täglichen Arbeit. Die Nutzung dieser Plugins ist in der SAP-NetWeaver-Lizenz enthalten – es fallen keine weiteren Kosten an.

Plugins in ständiger Entwicklung

Für die oben aufgeführten Plugins werden regelmäßig neue Versionen herausgegeben. Sie unterliegen einer ständigen Weiterentwicklung und liegen strategisch absolut im Fokus der SAP. Es ist daher sehr wahrscheinlich, dass schon jetzt neue Funktionen vorhanden und bestehende weiterentwickelt wurden, wodurch einige Bildschirm-Darstellungen in diesem Buch von der Darstellung Ihrer möglicherweise neueren Version abweichen können.

> **Nutzungsvoraussetzungen für Eclipse**
>
>  Um überhaupt eine Verbindung von der externen Entwicklungsumgebung Eclipse zu Ihrem SAP-System herstellen und damit ABAP in Eclipse nutzen zu können, benötigt Ihr SAP-System mindestens das SAP-NetWeaver-7.31-SP4-Release.
>
> Für andere Plugins können andere, möglicherweise höhere Release-Stände Voraussetzung sein.

1.2 Vorteile von ABAP-Entwicklung in Eclipse

Vor dem Umstieg auf die neue Entwicklungsumgebung stellen Sie sich vermutlich – genau wie ich vor einiger Zeit – die natürlicherweise aufkommenden Fragen: Was sollte besser geeignet sein für die ABAP-Entwicklung als die gute alte Workbench? Warum sollte ich wechseln, wenn ich doch alle meine Transaktionen kenne? Welche Vorteile bietet mir die Eclipse IDE gegenüber bisher genutzten Transaktionen?

Ich bitte Sie, für einen kurzen Moment über meine folgenden Fragen nachzudenken – und sich erst anschließend die Liste der möglichen Vorteile anzusehen:

1. Wie oft wechseln Sie bei der ABAP-Entwicklung in der SAP GUI die Transaktion?
2. Wie viele Modi haben Sie üblicherweise gleichzeitig geöffnet, auch über Systeme und Mandanten hinweg?
3. Wie oft wechseln Sie in den falschen Modus und suchen anschließend den richtigen unter den vielen offenen Fenstern?
4. Wie oft wollen Sie ein Programm debuggen und landen im alten Debugger mit der Meldung »Kein weiterer Modus verfügbar – Wechsel zu altem Debugger«?

5. Wie oft öffnen Sie im Object Navigator der ABAP Workbench andere Objekte (Pakete, Klassen, Funktionsgruppen), um kurz etwas nachzusehen und anschließend den gleichen Weg wieder zurückzugehen?

6. Wie oft springen Sie in einer Klasse zwischen der Methodenübersicht und deren Implementierung hin und her und haben dabei ständig den Zurück-Button im Zugriff?

7. Wie oft prüfen Sie über den Verwendungsnachweis, ob eine Variable überhaupt noch genutzt wird?

8. Wie oft legen Sie Methoden per Hand an, die Sie im Quelltext schon inklusive aller Parameter vorgesehen haben?

Ich könnte die Liste noch beliebig weiterführen.

Vermutlich denken Sie sich nun so etwas wie: »Das hat mich bisher noch nie gestört. Es funktioniert doch einwandfrei!« Das dachte ich auch. Doch wenn ich heute bei einem meiner Kunden keine Eclipse IDE benutzen kann und ich auf die mir seit jeher zur Verfügung stehenden Bordmittel zurückgreife, fällt mir auf, wie sehr Eclipse die Arbeit in vielen dieser angemerkten Punkte erheblich vereinfacht. Ganz konkret bietet die Eclipse IDE einem ABAP-Entwickler die folgenden Vorteile:

- ▶ Entwicklung auf allen Systemen (auch verschiedener Mandanten) in einer einzigen Oberfläche,
- ▶ Entwicklung unterschiedlicher Technologien wie ABAP, ABAP OO oder BOPF ohne Wechsel der Entwicklungsplattform,
- ▶ Anpassung vieler Einstellungen an die eigenen Bedürfnisse, wie das farbige Hervorheben von Schlüsselwörtern oder die Anordnung der Oberflächen-Elemente,
- ▶ umfangreiche Such- und Navigationsmöglichkeiten,
- ▶ eigene lokale Versionsverwaltung zusätzlich zur ABAP-Versionierung,
- ▶ Einbindung weiterer Drittanbieter-Software möglich, wie z. B. Stylecheck, Projektmanagement-Tools etc.,

- Öffnen beliebig vieler Entwicklungsobjekte über alle Systeme,
- einfacher Zugriff auf alle Systeme ohne SAP GUI,
- große Unterstützung bei der Source-Code-Bearbeitung,
- und falls Sie mal etwas nicht finden: die Möglichkeit, eine integrierte SAP-GUI-Session zu öffnen!

Auch diese Liste von Vorteilen ist noch sehr übersichtlich gehalten. Machen Sie sich in den nachfolgenden Abschnitten am besten selbst ein Bild davon, welche Möglichkeiten die ADT mit sich bringen und welche Vorteile Sie daraus im Vergleich zur bisherigen ABAP Workbench und weiteren notwendigen Transaktionen ziehen können.

1.3 Wichtige Begriffe in Eclipse

Für das bessere Verständnis der in den folgenden Abschnitten beschriebenen Vorgehensweisen und Funktionen möchte ich Ihnen vorab einige wiederkehrende Begriffe, Bezeichnungen und Elemente in der Eclipse IDE näherbringen. Sie können diese zunächst einfach zur Kenntnis nehmen oder aber die Installation von Eclipse gemäß Abschnitt 2.1 bereits vornehmen, um die hier beschriebenen Menüpunkte direkt in der Anwendung nachzuvollziehen. Die Reihenfolge der Begriffserläuterungen mag Ihnen etwas willkürlich erscheinen. Sie ist so gewählt, dass immer nur ein Begriff pro Erklärung neu ist. Sollten andere Begriffe benötigt werden, wurden diese vorher bereits erläutert. Am Ende bringe ich jedoch alles in den richtigen Zusammenhang.

- *Projekt:* Ein Projekt bezeichnet in Eclipse klassischerweise eine Sammlung von Objekten, die thematisch zusammengehören, wie z. B. alle für eine Applikation benötigten Dateien und Quelltexte. Das für die ABAP-Entwicklung spezifische Projekt wird im folgenden Abschnitt 2.2 näher erläutert.

- *Workspace:* Alle über Eclipse bearbeiteten Projekte und verwendeten Dateien werden auf dem PC des Anwenders lokal an einer Stelle gesammelt abgelegt. Dieser technische Speicherort wird Workspace genannt und von Eclipse beim Starten abgefragt.

- *Plugin:* Ein Plugin ist eine in sich abgeschlossene Komponente mit bestimmten Funktionalitäten, die in Eclipse eingebunden werden kann und damit die IDE um gewünschte Funktionen erweitert. Eclipse an sich besteht nur aus einem Programm, das Plugins laden kann. Alle anderen gebotenen oder zusätzlich möglichen Funktionen werden über Plugins bereitgestellt.

- *Plattform:* Die Plattform bezeichnet die »leere« Eclipse-Installation, zu der keine weiteren Plugins hinzugefügt wurden. Diese bietet neben dem genannten Laden der Plugins den Workspace und eine Benutzeroberfläche zur Bearbeitung der Projekte.

- *View:* Eine View bzw. Sicht ist ein Bereich der Benutzeroberfläche, in dem Informationen zu verschiedensten Objekten und Abläufen dargestellt werden. Ein Beispiel ist der *Package Explorer*, der wie der *Object Navigator* in der ABAP Workbench (SE80) die Objektstrukturen in einem Baum darstellt und dort eine Navigation zu bestimmten Elementen ermöglicht.

- *Perspektive:* Eine Perspektive fasst viele Views zu inhaltlich passenden Benutzeroberflächen zusammen. Der Benutzer kann die Anordnung der Views ändern oder auch verschiedene aus- und dafür andere einblenden.

- *Workbench:* Die Workbench bildet die Arbeitsoberfläche der Eclipse IDE. In ihr werden die Perspektiven/Views und die verschiedenen Editoren zur Bearbeitung von Quelltexten oder sonstigen Objekten dargestellt.

Bringe ich die aufgeführten Begriffe in einen kausalen Zusammenhang, so ergibt sich daraus folgende Beschreibung:

1. Die Plattform Eclipse besteht aus einer
   - ▶ Workbench als grafische Oberfläche und
   - ▶ einem Workspace als technische Ablage der bearbeiteten Objekte.
2. Die gewünschten Funktionen werden über Plugins bereitgestellt.
3. In der Workbench wird
   - ▶ eine Perspektive dargestellt,
   - ▶ die aus verschiedenen Views bestehen kann.
4. Jede Projektart ist einer Standard-Perspektive zugeordnet.

Damit keine Verwechslungsgefahr zwischen der SE80 und der Eclipse Workbench besteht, werde ich mich nachfolgend mit dem Begriff »Workbench« immer auf die ABAP Workbench beziehen.

1.4 Allgemeine Hinweise

Wie bereits am Ende von Abschnitt 1.1 erwähnt, befinden sich die ABAP Development Tools für Eclipse ständig in der Weiterentwicklung. Das bezieht sich nicht nur auf die ADT selbst. Auch neue SAP-NetWeaver-Releasestände stellen regelmäßig zusätzliche Funktionen in Eclipse bereit, die die Entwicklungsarbeit weiter vereinfachen.

Bitte behalten Sie das beim Durcharbeiten des Buches im Hinterkopf: Durch unterschiedliche System- oder Installationsversionen kann es durchaus sein, dass

- ▶ Abbildungen von Ihrer Installation abweichen,
- ▶ Funktionen nicht zur Verfügung stehen,
- ▶ andere oder zusätzliche Funktionen verfügbar sind,
- ▶ Abläufe sich verändern.

Die nachfolgenden Inhalte sind auf Basis eines SAP-NetWeaver-7.50-SP0-ABAP-Stacks entstanden. Als Eclipse IDE wurde die Version »Mars.2 Release (4.5.2)« verwendet, mit dem ADT-Plugin auf Version 2.64.2.

Eine Übersicht über verfügbare Funktionen auf verschiedenen SAP-NetWeaver-Release-Ständen finden Sie hier:

http://scn.sap.com/community/abap/eclipse/blog/2013/06/05/ adt-feature-availability-matrix-for-as-abap-releases.

Die Seite wird bisher sehr aktuell gehalten, garantieren kann ich deren Korrektheit aber natürlich nicht. Sie bekommen dort auf jeden Fall einen Eindruck, was Sie mit Ihrem System nutzen können und was nicht. Meine persönliche Empfehlung: Ab Release SAP NetWeaver 7.40 lohnt sich die Nutzung der ADT noch deutlich mehr als auf älteren Release-Ständen. Nichtsdestotrotz bietet meiner Meinung nach auch vorher die Entwicklung in Eclipse einige Vorteile, die eine Umgewöhnung zu jeder Zeit sinnvoll machen. Falls Sie also noch überlegen, ob Sie überhaupt wechseln wollen – tun Sie es!

Auch die Eclipse IDE wird weiterentwickelt, und es erscheinen regelmäßig neue und verbesserte Versionen. Welche Version zurzeit die richtige für Sie ist, entscheiden Sie am besten anhand der verfügbaren Erweiterungen (siehe Abschnitt 2.1).

Im folgenden Kapitel 2 werde ich Sie durch die Client-Installation von Eclipse führen. Jedoch gibt es auch ein paar Voraussetzungen auf der Server-Seite, damit der Zugriff über die ABAP Development Tools überhaupt gestattet wird. Diese sind nicht Teil des Buchs, da ich mich voll auf die Entwickler-Seite konzentriere.

Backend-Konfiguration

Alle notwendigen Einstellungen für das ABAP Backend zur Nutzung der ADT finden Sie im Konfigurations-Leitfaden der SAP (auf Englisch):
http://help.sap.com/download/netweaver/adt/SAP_ ADT_Configuration_Guide_Backend_en.pdf.

2 Eclipse einrichten

Eclipse ist als eigenständige Open-Source-Entwicklungssoftware kostenlos verfügbar. Erfahren Sie in diesem Kapitel, welche Schritte notwendig sind, bevor Sie mit Eclipse in die eigene Entwicklungsarbeit einsteigen können.

In den folgenden Abschnitten stelle ich Ihnen im Detail die beiden erforderlichen Installationsschritte bis zur vollständig eingerichteten Eclipse-Software vor: Zuerst installieren wir eine Version von Eclipse auf dem lokalen Rechner und laden die benötigten Plugins herunter. Anschließend richten wir ein erstes ABAP-Projekt und eine Verbindung zu den SAP-Entwicklungssystemen ein. Am Ende des Kapitels sind Sie in der Lage, mit dieser Entwicklungsumgebung auf Ihre SAP-Systeme zuzugreifen und sich voll und ganz der Entwicklung in Eclipse zuzuwenden.

2.1 Eclipse und Plugins installieren

Für die Installation einer passenden Eclipse-Version und dazu kompatibler Plugins stellt die SAP auf der zentralen Internetseite *https://tools.hana.ondemand.com/* alle benötigten Download-Links und eine Liste verfügbarer Features pro Eclipse-Release zur Verfügung.

In Abbildung 2.1 sehen Sie den Aufbau der Webseite. Zentral positioniert, befindet sich eine Tabelle, in der alle für Eclipse vorhandenen Erweiterungen für verschiedene UI-Technologien aufgeführt sind. Dort ist angegeben, ob die Plugins für eine UI-Technologie eine bestimmte Version von Eclipse unterstützen oder nicht.

ECLIPSE EINRICHTEN

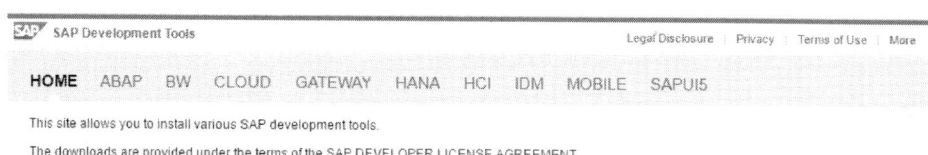

Abbildung 2.1: Zentrale Bereitstellung der Eclipse-Plugins seitens der SAP

Klicken Sie in der Tabelle unter der Überschrift TOOLS auf den Link ABAP. Sie werden daraufhin auf die Webseite der ABAP Development Tools for Eclipse geleitet. Dort finden Sie neben den technischen Voraussetzungen, die Ihr Client für Eclipse erfüllen muss, eine Schritt-für-Schritt-Anleitung zur Installation (siehe Abbildung 2.2).

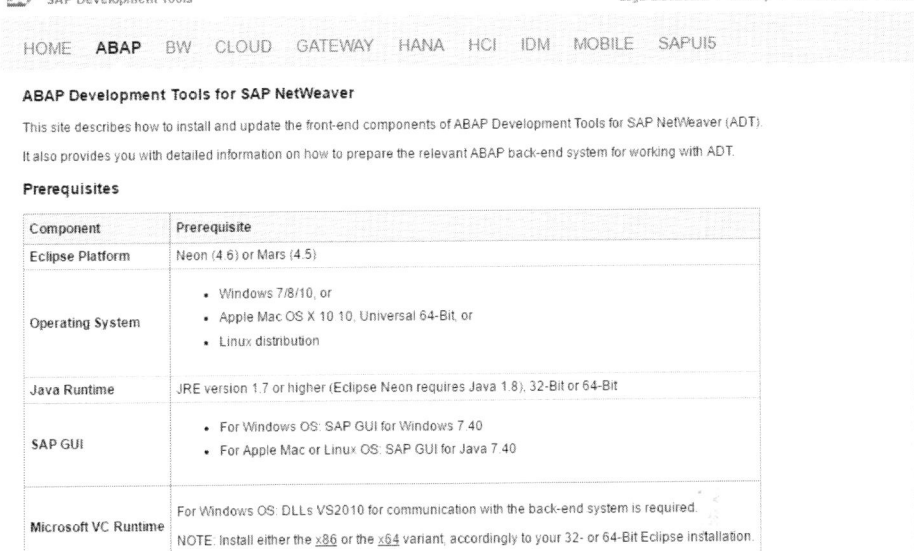

Abbildung 2.2: Voraussetzungen und Installations-Anleitung für ADT

Klicken Sie nun auf den unterstrichenen Link »Eclipse IDE for Java Developers«. Eclipse war ursprünglich eine für *Java* konzipierte Entwicklungsumgebung, die aber durch ihre offene Architektur und Plugins auf beliebige Programmieranforderungen angepasst werden kann. Laden Sie auf der folgenden Seite die für Sie passende Version der *Eclipse IDE* herunter. Eclipse wird in einer .zip-Datei bereitgestellt, die Sie auf Ihrem Client entpacken können. Nach dem Entpacken können Sie direkt loslegen, es ist keine separate Installation notwendig. In den entpackten Dateien finden Sie zwei Ordner: Navigieren Sie in den Ordner ECLIPSE und öffnen Sie dort die Datei »eclipse.exe« mit einem Doppelklick.

Wenn Sie alle Voraussetzungen erfüllt haben und über eine intakte Java-Installation auf Ihrem Client verfügen, öffnet sich die Eclipse Workbench mit dem Einstiegsbild (siehe Abbildung 2.3). Klicken Sie dort in der oberen Menüleiste auf HELP.

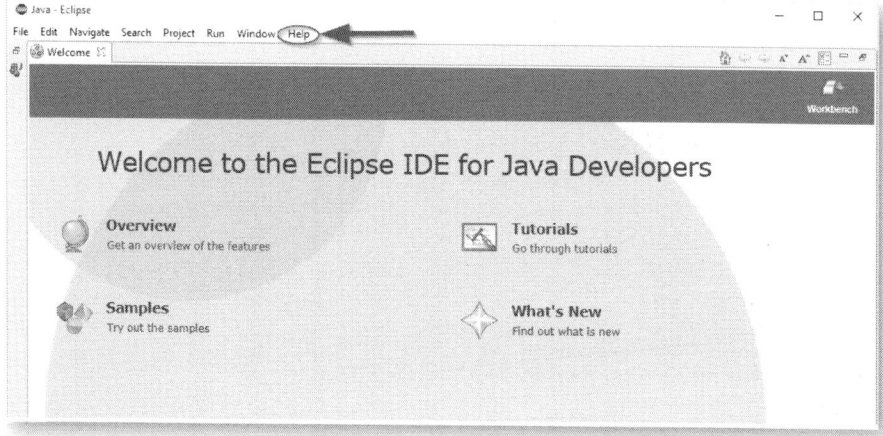

Abbildung 2.3: »Help«-Menü im Eclipse – Einstiegsbild

In der folgenden Liste wählen Sie den Menüpunkt Install new software. Es öffnet sich ein Pop-up, in dem Sie aus verschiedenen Quellen die für Ihre Entwicklungsumgebung passenden Eclipse-Plugins herunterladen und installieren können, um diese an Ihre konkreten Bedürfnisse anzupassen.

Geben Sie in das Textfeld mit der Beschreibung WORK WITH: die folgende URL ein und bestätigen Sie die Eingabe mit der ⏎-Taste: *https://tools.hana.ondemand.com/mars* (siehe Abbildung 2.4).

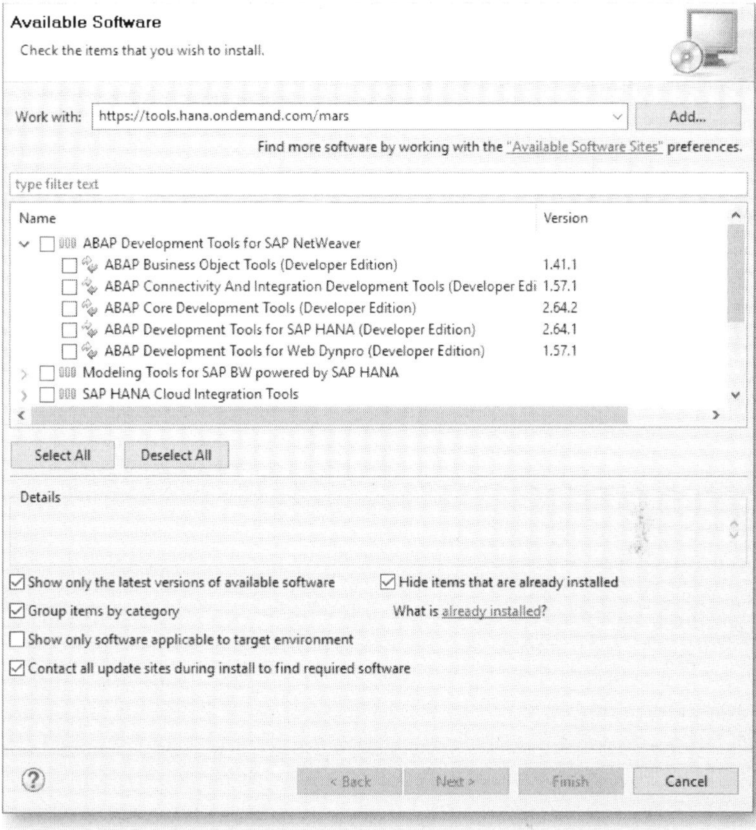

ECLIPSE EINRICHTEN

Abbildung 2.4: Eclipse-Plugins auswählen und installieren

Der richtige Link zur Software

Die Lokation der Plugins hängt spezifisch von der installierten Eclipse-Version ab, die Sie erweitern möchten. In unserem Beispiel haben wir die Version »Mars« eingerichtet und daher den Link mit der Endung »/mars« gewählt. Wählen Sie für andere Eclipse-Versionen den für Sie passenden Link von der Überblickseite (siehe Abbildung 2.1) unter ECLIPSE SOFTWARE SITES.

Setzen Sie, wie in Abbildung 2.4 dargestellt, den Haken bei `ABAP Development Tools for SAP NetWeaver`. Alle hierarchisch darunter angeordneten Elemente werden ebenfalls automatisch ausgewählt. Sie können selbstverständlich auch die anderen Plugins installieren. Da aber der Fokus in diesem Fall auf den ADT liegt, werden wir die aus den anderen Plugins resultierenden Möglichkeiten nicht weitergehend betrachten.

Mit einem Klick auf NEXT erhalten Sie im nächsten Bildschirm einen Überblick über die zur Installation ausgewählten Plugin-Komponenten. Nach erneuter Bestätigung mit der Taste NEXT erscheint die an die Plugin-Installation gebundene Lizenzvereinbarung. Nachdem Sie sie gelesen und den Vereinbarungen zugestimmt haben, können Sie die Installation mit einem Klick auf FINISH beginnen. Sobald diese abgeschlossen ist, werden Sie zu einem Neustart von Eclipse aufgefordert.

War die Installation erfolgreich, erscheint nach dem Neustart der in Abbildung 2.5 gezeigte Bildschirm. Im Vergleich zum ersten Aufruf (vgl. Abbildung 2.3), sehen Sie nun den ADT-spezifischen Einstiegsbildschirm. Sie finden hier verschiedene Hilfen und Tutorials, die Sie jederzeit zurate ziehen können, wenn Sie bei Ihrer Entwicklungstätigkeit Funktionen nicht wiederfinden oder neue entdecken wollen. Im weiteren Verlauf dieses Buchs decke ich alle im täglichen Gebrauch genutzten und interessanten Funktionen ab und gehe noch mehr in die Tiefe, als es diese Einführungshilfen bieten.

> **Hilfe zu den Funktionen der ADT**
>
>  Für die ADT stellt die SAP eine umfangreiche Hilfe-Bibliothek bereit, in der Sie jederzeit spezifische Funktionsweisen nachlesen können. Diese finden Sie über den Menüpunkt HELP • HELP CONTENTS.

Eclipse einrichten

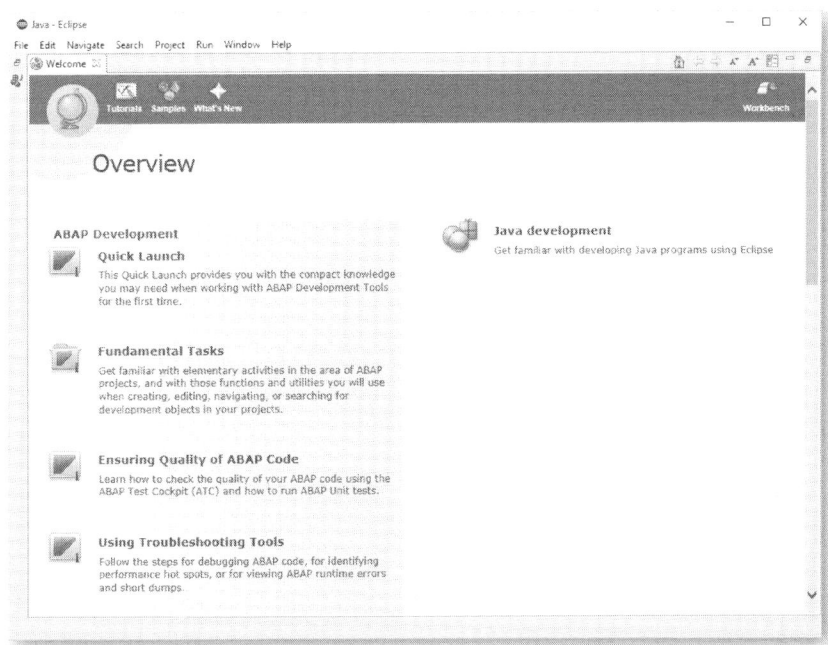

Abbildung 2.5: ADT-spezifischer Willkommensbildschirm in Eclipse

Die Installation und technische Vorbereitung der Entwicklungsumgebung Eclipse ist jetzt abgeschlossen. Im nächsten Abschnitt erstellen wir Schritt für Schritt ein erstes *ABAP-Projekt,* bevor ich Ihnen anschließend einen Überblick über die verschiedenen Elemente der Arbeitsoberfläche von Eclipse gebe, die Sie durch das Anlegen des Projekts öffnen.

2.2 ABAP-Projekt einrichten

Um einen praktischen und einfachen Einstieg zu ermöglichen, ignorieren Sie die OVERVIEW-Seite und navigieren mit einem Klick auf WORKBENCH (siehe obere rechte Ecke von Abbildung 2.6) in die eigentliche Entwicklungsumgebung. Sie gelangen in die standardmäßig vorgegebene Java-Perspektive.

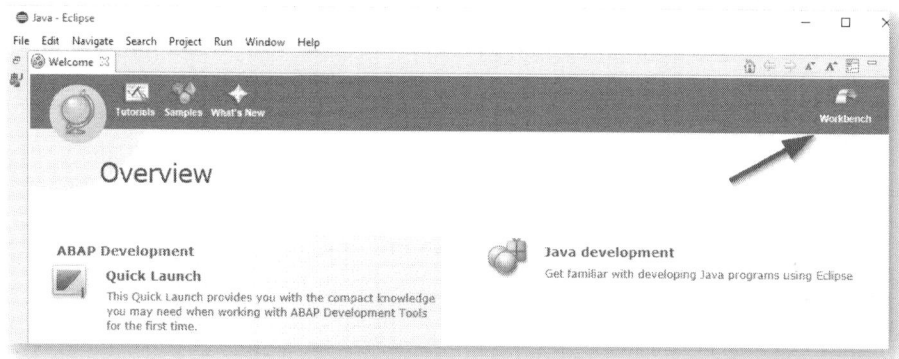

Abbildung 2.6: In die Eclipse-Workbench navigieren

Da die Perspektive im weiteren Verlauf dieses Abschnitts von Java zu ABAP gewechselt wird, gehe ich nicht weiter auf Ihre aktuelle Ansicht ein. Diese werden Sie später nicht mehr verwenden. Wir widmen uns also gleich unserem eigentlichen Interesse und erstellen ein ABAP-Projekt.

> **Bedeutung eines ABAP-Projekts**
>
>  Ein »ABAP-Projekt« ist in Eclipse gleichbedeutend mit einer konkreten Systemverbindung auf ein ABAP-Backend-System. Das Öffnen eines ABAP-Projekts führt zur Anmeldung auf dem ABAP-Stack des gewählten Systems und Mandanten. Sie brauchen für jede Entwicklungssystem-Mandant-Kombination nur genau ein ABAP-Projekt einzurichten.

Für die Erstellung eines ABAP-Projekts klicken Sie in der Menüleiste am oberen Bildrand auf FILE, navigieren dort in das Untermenü NEW und wählen ganz unten den Eintrag Other... (siehe Abbildung 2.7).

Es öffnet sich ein neues Fenster, in dem alle zur Wahl stehenden Objekte aufgeführt werden. Hier expandieren Sie den Knoten ABAP und wählen den Eintrag ABAP-Projekt aus (siehe Abbildung 2.8).

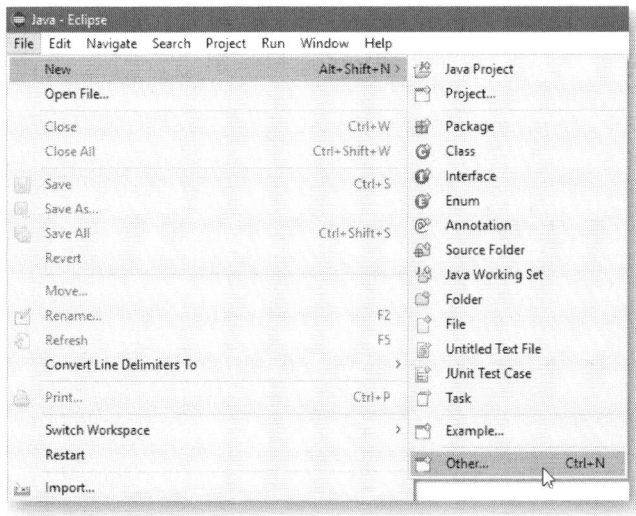

Abbildung 2.7: Eintrag »ABAP Projekt« unter »Other…«

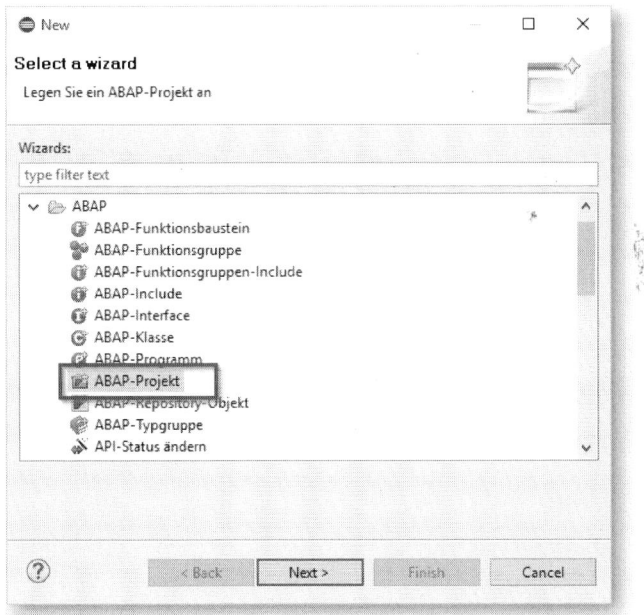

Abbildung 2.8: »ABAP-Projekt« aus der Objektliste wählen

Mit Betätigung des NEXT-Buttons gelangen Sie in den Wizard, mit dem Sie das ABAP-Projekt konfigurieren können.

Da ein ABAP-Projekt die Verbindung zu einem ABAP-Backend-System und einem spezifischen Mandanten darstellt, werden Sie nachfolgend aufgefordert, diese Verbindung einzurichten. Sie haben zwei Möglichkeiten, die Konfiguration vorzunehmen:

1. Sie wählen eine von Ihnen bereits in der SAP GUI über das SAP Logon definierte Verbindung aus.
2. Sie richten manuell eine Systemverbindung ein.

Für die manuelle Verbindungseinrichtung benötigen Sie die gleichen Daten, die auch im SAP Logon erforderlich sind.

Single Sign-On in Eclipse

 Wenn die SAP-Systeme in der SAP GUI für Sie mit *Single Sign-On (SSO)* eingerichtet wurden, benötigen Sie auch in Eclipse keine separate Passwort-Eingabe. Die Konfiguration wird aus der SAP GUI übernommen.

Sobald Sie eine gültige Verbindung ausgewählt oder manuell definiert haben, gelangen Sie über den Button NEXT zur Anmeldemaske für das SAP-System. Wie Sie es aus der SAP GUI gewohnt sein dürften, werden Sie hier nach dem MANDANTen, BENUTZERnamen, KENNWORT und der AnmeldeSPRACHE gefragt (siehe Abbildung 2.9). Geben Sie die geforderten Daten ein, und schließen Sie die Anlage des Projekts mit FINISH ab.

ECLIPSE EINRICHTEN

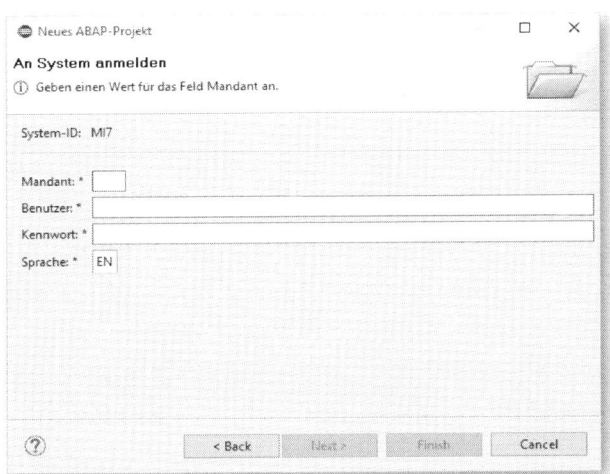

Abbildung 2.9: Aus der SAP GUI bekannte Anmeldemaske zum SAP-System

> **VPN-Verbindung zur Anmeldung**
>
>  Wenn Sie zur Anmeldung an Ihren SAP-Systemen über das SAP Logon eine *VPN-Verbindung* benötigen, bedarf es diese auch für die Anmeldung über Eclipse. Eine VPN-Verbindung ist eine sichere und abgeschirmte Verbindung in Ihr privates Unternehmensnetzwerk. Stellen Sie sicher, dass Sie die VPN-Verbindung **vor** dem Klick auf FINISH aktiviert haben. Sonst schlägt die Anmeldung fehl, und ein interner Speichermechanismus macht es notwendig, die Anlage-Schritte erneut durchzuführen bzw. Eclipse neu zu starten.

Eclipse stellt jetzt die Verbindung zum System her und legt das konfigurierte Projekt an.

Nach der Anmeldung erscheint ein Pop-up, in dem Eclipse Sie fragt, ob Sie in die für das Arbeiten mit ABAP-Projekten vorgesehene ABAP-Perspektive wechseln wollen. Bitte bestätigen Sie das Pop-up mit YES. Wir erinnern uns: Eine Perspektive ist eine vordefinierte Menge und Anordnung von Views, die Ihnen für die Arbeit mit dieser Art von Projekten zur Verfügung stehen.

Bis auf das KENNWORT (ausgenommen der Fall »Single Sign-On«) werden alle Daten fest im ABAP-Projekt hinterlegt und brauchen bei der nächsten Anmeldung nicht mehr eingegeben zu werden.

Festgelegte Anmeldedaten

 Da die Anmeldedaten für das ABAP-Projekt fest hinterlegt sind, können diese nicht mehr geändert werden. Für jeden weiteren Mandanten und auch verschiedene Anmeldesprachen auf dem gleichen Mandanten ist daher ein eigenes ABAP-Projekt notwendig.

Die automatische Namensgebung der ABAP-Projekte ermöglicht eine leichte Unterscheidung. Die Projektnamen sind in der folgenden Struktur aufgebaut:

<System-ID>_<Mandant>_<Benutzer>_<Anmeldesprache>

Sie befinden sich jetzt in der ABAP-Perspektive der Eclipse ADT und sehen auf der linken Seite unter PROJECT EXPLORER Ihr angelegtes ABAP-Projekt (siehe Abbildung 2.10).

Sie haben jetzt alle notwendigen technischen Voraussetzungen geschaffen, um mit der ABAP-Entwicklung in Eclipse loslegen zu können. Die grundlegenden Begriffe der Eclipse-Entwicklungsumgebung haben Sie ebenfalls schon kennengelernt. Jetzt geht es darum, alle wichtigen Entwicklungsobjekte zu finden und sich sicher in der IDE zu bewegen, um die Vorteile von Eclipse voll ausschöpfen zu können. Daher erhalten Sie nachfolgend einen Überblick über die Bestandteile der ABAP-Perspektive und wie Sie diese an Ihre Bedürfnisse anpassen können.

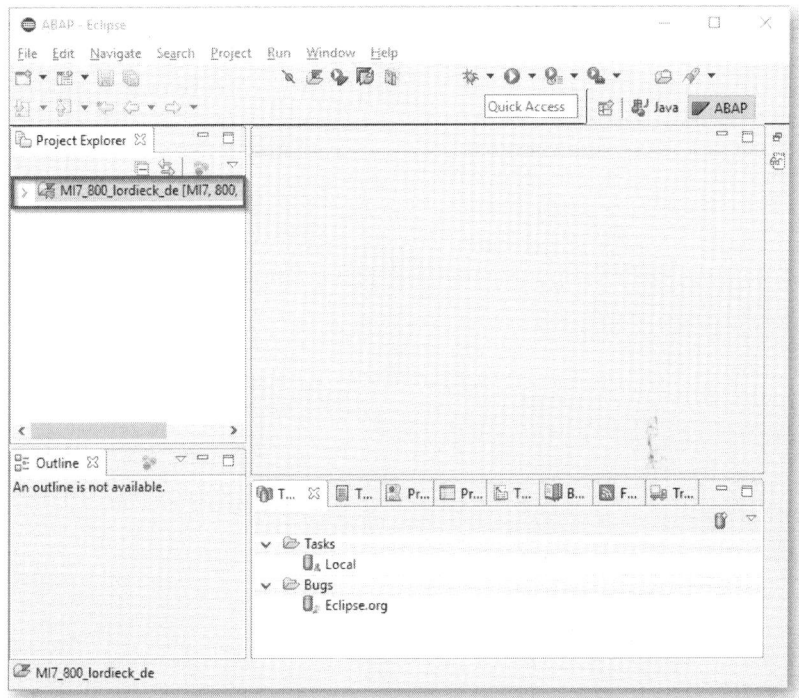

Abbildung 2.10: Ihr ABAP-Project in der ABAP-Perspektive der ADT

2.3 Oberfläche der ABAP-Perspektive

Nach den ersten geführten Schritten in der Arbeitsoberfläche der Eclipse IDE gilt es jetzt, die verschiedenen Elemente etwas zu erforschen. Außerdem bekommen Sie Hinweise auf die wichtigsten Menüs, um diese Oberfläche an Ihre Wünsche anzupassen und lernen die darüber hinaus existierenden Anwendungsoptionen kennen.

Zum jetzigen Zeitpunkt dürfte Ihre Arbeitsumgebung der in Abbildung 2.11 dargestellten sehr ähnlich sein (hier etwas gestaucht für eine bessere Darstellung). Diese lässt sich grundsätzlich in vier Hauptbereiche unterteilen:

❶ Den ersten Bereich am oberen Bildrand bildet die *Menüleiste*. Diese wird Ihnen vom Prinzip her aus vielen Anwendungen bekannt vorkommen. Sie bietet in den allgemeinen Menüs wie FILE, NAVIGATE oder RUN verschiedene Optionen, die unabhängig von der aktuellen Bearbeitung stets unverändert bleiben. Dort finden Sie u. a. auch die zentralen Einstellungen im Menü WINDOW • PREFERENCES • ABAP DEVELOPMENT. Ich empfehle, hier vorerst keine Änderungen vorzunehmen, sondern sich erst mit der Eclipse IDE im Allgemeinen vertraut zu machen.

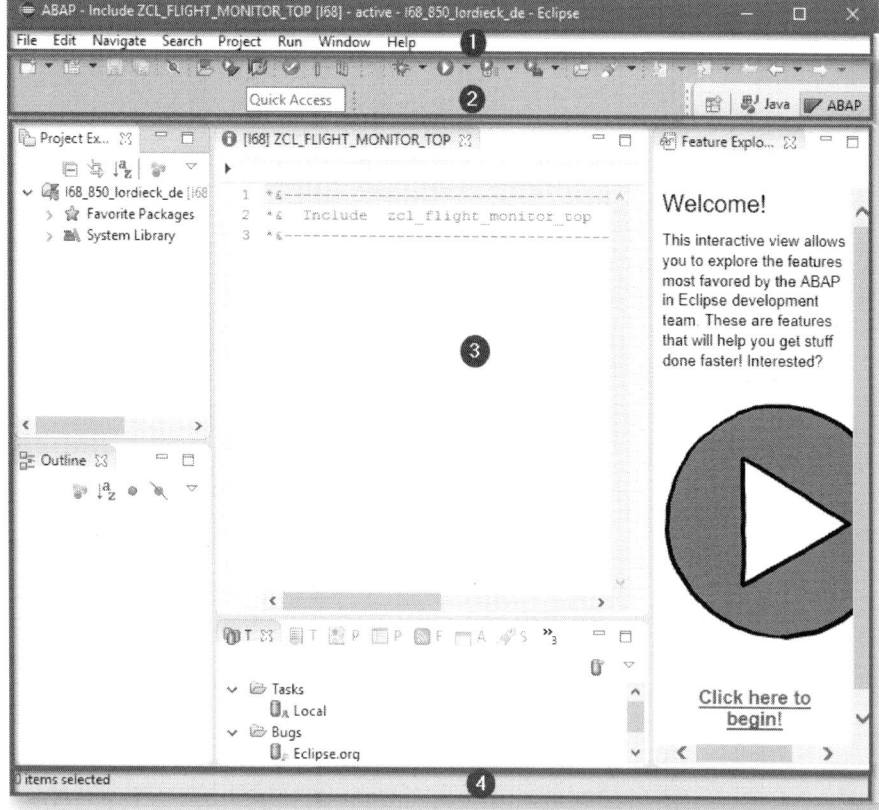

Abbildung 2.11: Bereiche der Arbeitsoberfläche von Eclipse

❷ Der zweite Bereich ist die *Aktionsleiste* (synonym mit »Funktionsleiste«). Prinzipiell finden Sie hier über die diversen Icons Schnellzugriffe auf Funktionen, die auch in den Menüs der Menüleiste untergebracht sind, wie etwa das Anlegen neuer Objekte, Öffnen von ABAP-Objekten (nur in der ABAP-Perspektive) und die wichtigsten Entwicklungsaktionen: Prüfen, Aktivieren und Ausführen.

Darüber hinaus ist hier das sehr nützliche Textfeld QUICK ACCESS angesiedelt. Sobald Sie dort einen Suchbegriff eingeben, werden Ihnen alle verfügbaren Optionen aus den verschiedenen Eclipse-Menüs angezeigt, die diesen Begriff enthalten. Suchen Sie beispielsweise nach `Project`, öffnet sich eine Trefferliste mit passenden Menüeinträgen, die diesen Begriff im Namen oder in der Beschreibung enthalten (vgl. Abbildung 2.12).

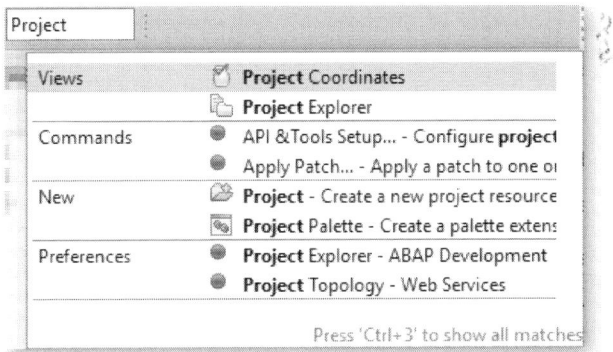

Abbildung 2.12: Beispielsuche »Project« im Quick Access

Besonderheiten von Quick Access

Die Treffermenge wird so zusammengestellt, dass sie in die definierte Größe des Ergebnisfensters passt. Dieses können Sie nach Belieben vergrößern und verkleinern, wodurch Sie entsprechend mehr oder weniger Ergebnisse sehen, ohne dass Laufleisten angezeigt werden. Die vollständige Ergebnismenge können Sie sich, wie im Fenster unten rechts eingeblendet, über die Tastenkombination `Strg` + `3` anzeigen lassen. Außerdem hängt der Erfolg der Suche davon ab, ob der gewünschte Menüeintrag oder die Aktion auf Englisch oder Deutsch formuliert sind. Suchen Sie z. B. nach `Projekt`, das Menü ist in Ihrer Eclipse-Version aber mit dem englischen Namen »Project« geführt, werden Sie diesen Treffer nicht erhalten. Daher lohnt sich meist auch ein Versuch mit dem gleichen Suchbegriff in der jeweils anderen Sprache, falls das gewünschte Ergebnis ausbleibt.

Diese Funktion spart Ihnen sehr viel Zeit, gerade wenn Sie am Anfang noch viele verschiedene Navigationspfade und Menüs nach der passenden Option durchsuchen müssen. Quick Access beschränkt sich allerdings auf Eclipse-relevante Ergebnisse. Wie Sie nach ABAP-Entwicklungsobjekten suchen können, erfahren Sie in Abschnitt 4.6.

In der gleichen Leiste (Bereich ❷) wird Ihnen am rechten Rand die aktuell geöffnete Perspektive angezeigt und ein Schnellzugriff auf die voreingestellte Java-Perspektive ermöglicht. Über die Drucktaste OPEN PERSPECTIVE 📂 können Sie die Perspektive manuell wechseln bzw. auch weitere Perspektiven in die Schnellwahl aufnehmen. Je nach persönlicher Präferenz könnten Sie dadurch zum Beispiel die Perspektive DEBUG hinzufügen, die in Kapitel 5 näher erläutert wird.

Java-Perspektive aus Schnellwahl entfernen

Falls Sie die standardmäßig angezeigte Java-Perspektive entfernen wollen, können Sie den Mauszeiger darauf positionieren, über einen Rechtsklick das Kontextmenü aufrufen und den Eintrag `Close` wählen. Dann verschwindet die Perspektive aus der Schnellwahl, bleibt aber natürlich allgemein erhalten.

❸ Ihre meiste Zeit werden Sie wohl in diesem Bereich verbringen: einer Sammlung einzelner Views, die mit der ABAP-Perspektive verknüpft sind. Jede View bietet Ihnen bestimmte spezialisierte Funktionen und Informationen. Sie werden die verschiedenen Views im Verlauf des Buchs besser kennenlernen, sodass Sie am Ende sicher und zielgerichtet navigieren und Ihre gewünschte Funktion oder das gesuchte Entwicklungsobjekt finden können.

Den großen mittleren Bereich bildet die EDITOR VIEW, in der Ihre aktuell zur Bearbeitung geöffneten Entwicklungsobjekte in einzelnen Tabs dargestellt werden. Sobald Sie Ihr erstes Paket und Programm in Kapitel 3 angelegt haben, werden Sie sehen, was ich damit meine.

❹ Am unteren Bildrand befindet sich noch eine *Informationsleiste*. Ähnlich dem aus der SAP GUI bekannten »Nachrichtenbereich« am Seitenende werden Ihnen hier Meldungen zu durchgeführten Aktionen angezeigt. Meistens lohnt sich v. a. dann ein Blick auf diese Leiste, wenn Sie eine Aktion wie z. B. die Syntax-Prüfung (siehe Abschnitt 4.2) durchgeführt, aber noch keine Ergebnisanzeige erhalten haben. Es kann durchaus sein, dass ein Fehler gefunden, aber die dazugehörige View nicht direkt geöffnet wurde.

Auf der rechten Seite dieser Leiste finden Sie allgemeine Informationen wie die aktuelle Stelle, an der sich der Cursor befindet. Auch ein Hinweis, ob Sie sich im Bearbeitungsmodus befinden und in welchem Projekt Sie gerade das aktuelle Entwicklungsobjekt geöffnet haben, können Sie dort auf einen Blick einsehen.

Eclipse ist mit einem sehr dynamischen Oberflächen-Konzept versehen. Je nach persönlicher Präferenz können Sie – mit Ausnahme der Menü- und Infoleiste – beinahe alle Elemente der Oberfläche per Drag & Drop verschieben, schließen, minimieren und an Ihre Bedürfnisse anpassen. Das ermöglicht ein angenehmes Arbeiten auf jedem Bildschirm: Für kleine Screens werden überflüssige Views minimiert, während auf großen eine Optimierung der angezeigten Informationen erfolgen kann. Auch können Sie zwei oder mehr Editoren nebeneinanderlegen und so z. B. auf der linken Seite eine Klasse anpassen, die Sie parallel dazu im rechten Editor in Ihrem Programm aufrufen (Abbildung 2.13).

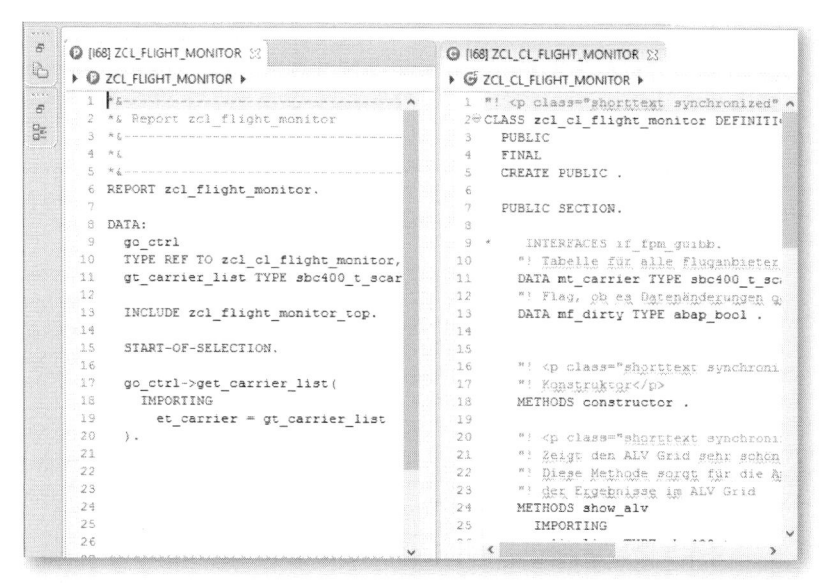

Abbildung 2.13: Zwei nebeneinander geöffnete Editoren

Im Laufe der Zeit werden Sie die für Sie passende Oberflächenanordnung finden und vermutlich auch ganz eigene Tricks für eine optimale Arbeit entwickeln.

3 Arbeiten mit Entwicklungsobjekten

Nach Einführung in die Begriffe und Schaffung der notwendigen Voraussetzungen für die Arbeit mit den ABAP Development Tools werden wir uns in diesem Kapitel damit beschäftigen, wie Sie Ihre Entwicklungsobjekte finden und anlegen und welche Besonderheiten dabei zu beachten sind.

Bei der Arbeit in der ABAP Workbench gibt es sowohl Entwicklungsobjekte, die Sie ständig nutzen, als auch solche, die nur unregelmäßig Verwendung finden. Grundsätzlich gilt, dass Sie alle Entwicklungsobjekte der ABAP Workbench auch in den ABAP Development Tools für Eclipse finden. Einige können Sie wie gewohnt anlegen und dann über einen Editor implementieren, wie z. B. Reports oder Klassen. Andere wiederum haben in Eclipse eine eigene Oberfläche in Anlehnung an die SAP GUI-Oberfläche bekommen, wie etwa die Nachrichtenklassen. Für Strukturen wurde sogar eine eigene, unkomplizierte Syntax geschaffen, um diese komfortabel anlegen zu können (siehe Abschnitt 3.4).

Ich möchte Sie nachfolgend durch das Anlegen der üblichen Entwicklungsobjekte »Paket«, »Programm« und »Klasse« führen. Anschließend zeige ich Ihnen die Besonderheiten für Funktionsbausteine und Strukturen auf.

3.1 Entwicklungsobjekt anlegen

Alle zur Verfügung stehenden Entwicklungsobjekte werden über denselben Weg angelegt. Ich werde diesen daher im Folgenden allgemein beschrieben. Für spezifische Objekte setze ich anschließend dort an, wo dieser Abschnitt endet, um nicht alle Schritte doppelt abzubilden.

Nachdem Sie sich über das Aufklappen Ihres ABAP-Projekts in Eclipse am SAP-System angemeldet haben, können Sie für dieses System neue Entwicklungsobjekte anlegen. Hier fällt auch schon der erste Vorteil auf: Eclipse ist für Entwickler geschaffen. Sie brauchen keine bestimmte Transaktion extra anzusteuern, um verschiedene Objekte anzulegen oder zu implementieren. Sie können nach dem Start von Eclipse direkt loslegen.

Nachdem Sie in Kapitel 2 Ihr ABAP-Projekt initial konfiguriert und soeben die Anmeldung am SAP-System erfolgreich vollzogen haben, befinden Sie sich nun in der Eclipse-Oberfläche. Ihre Ansicht sollte der in Abbildung 2.10 dargestellten entsprechen.

Als Nächstes klicken Sie mit der rechten Maustaste auf Ihr ABAP-Projekt. Es erscheint das Kontextmenü mit den zur Verfügung stehenden Optionen. Für die ABAP-Entwicklungsobjekte navigieren Sie über das Menü NEW zum Eintrag ABAP Repository Object. Das Tastaturkürzel für diesen Eintrag ist [Strg] + [⇧] + [N]. Sie finden in Kapitel 7 eine Liste nützlicher Tastaturkürzel, die Ihnen die Arbeit mit der Maus weitestgehend abnehmen.

Wenn Sie diesen Menüpunkt ausgewählt haben, erscheint ein Pop-up mit einer Ordnerstruktur wie in Abbildung 3.1. Hier finden Sie alle zur Verfügung stehenden ABAP-Repository-Objekte, die Sie über Eclipse anlegen können.

> **Objekte über Other anlegen**
>
> Es gibt im Kontextmenü NEW auch den Punkt Other, der geübten Eclipse-Entwickler häufig dazu dient, Objekte im Nicht-ABAP-Umfeld anzulegen. Dort gibt es zudem einen Knoten »ABAP«, in dem Sie die gebräuchlichen Objekte wie »Programm«, »Klasse« oder »Funktionsbaustein« finden. Ein Paket beispielsweise finden Sie dort aber nicht, daher ist für ABAP der Eintrag ABAP REPOSITORY OBJECT zu empfehlen.

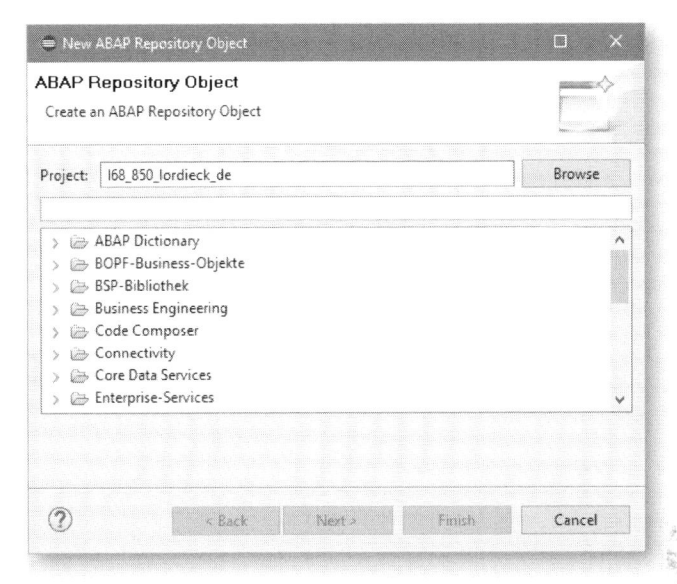

Abbildung 3.1: Zur Verfügung stehende ABAP-Repository-Objekte

Wenn Sie nicht genau wissen, wonach Sie suchen, können Sie sich durch die Ordner klicken und nach dem gewünschten Objekt Ausschau halten. Alternativ können Sie aber auch direkt in der Suchleiste oberhalb der Ordnerstruktur einen Teil des Namens eingeben und sich die dazu passenden Objekte anzeigen lassen, ohne alles zu durchsuchen.

> **Stolperfalle verschiedene Systeme**
>
> Wenn Sie gleichzeitig auf mehreren Systemen arbeiten und verschiedene Objekte der jeweiligen Systeme offen haben, müssen Sie ggf. beim Anlegen eines neuen ABAP-Repository-Objekts auf das richtige System achten. Gerade wenn Sie das Tastaturkürzel nutzen, kann es sein, dass Sie das in Abbildung 3.1 oben im Bild befindliche PROJECT über den Button BROWSE ändern müssen. Dann wird das Objekt auch auf dem richtigen System angelegt.

Die bisher genannten Schritte bis zum Auffinden Ihres Entwicklungsobjekts setze ich für die folgenden Objekte als bekannt voraus.

3.2 Ein Paket anlegen

Am schnellsten finden Sie das Objekt »Paket«, indem Sie, wie in Abschnitt 3.1 beschrieben, die Anfangsbuchstaben oder das gesamte Wort in der Suchzeile eingeben (siehe Abbildung 3.2).

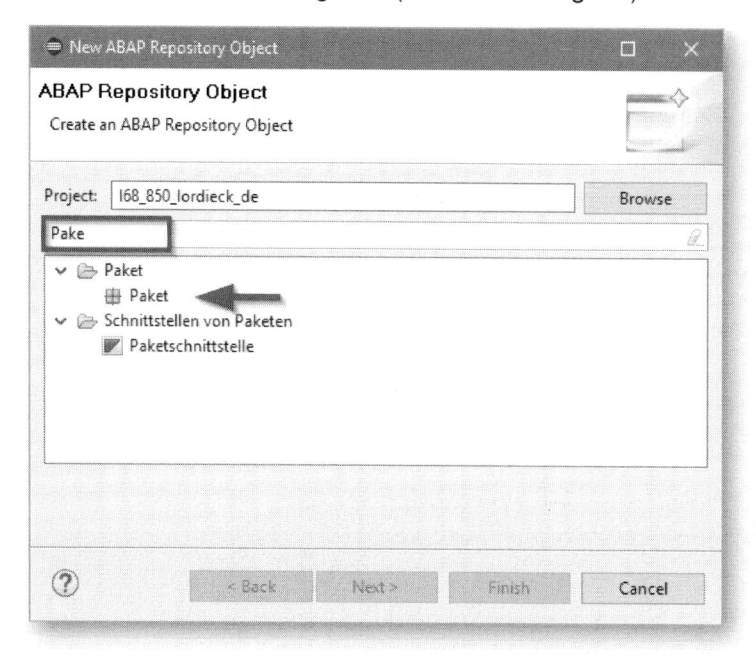

Abbildung 3.2: Paket über die Suchzeile finden

Wählen Sie `Paket` aus und klicken Sie auf NEXT >. Im folgenden Bild werden Sie lediglich nach dem Paketnamen gefragt, wie Sie es auch aus der ABAP Workbench kennen. Geben Sie dort Ihren gewünschten Namen ein (z. B. `ZCL_FLIGHT`), und bestätigen Sie mit FINISH.

Vermutlich wird Sie das erscheinende Bild überraschen. Es öffnet sich eine in Eclipse integrierte SAP GUI, um die Paketerstellung weiter fortzuführen und abzuschließen. Dies passiert immer dann, wenn die SAP für das Eclipse-Plugin »ABAP Development Tools for Eclipse« noch keine eigenen Bearbeitungsoberflächen für das gewählte Entwicklungsobjekt geschaffen hat. Das ist v. a. dann der Fall, wenn die zu dem Objekt gehörenden Einstellungen sehr umfangreich sind. Die ADT werden jedoch ständig verbessert und erweitert. Es kann also in zukünftigen Versionen durchaus sein, dass auch für diese Objekte entsprechende Bearbeitungsoberflächen angeboten werden.

> **SAP GUI in eigenem Modus öffnen**
>
> Für die ADT gibt es eigene Einstellungen, die Sie über den Pfad WINDOW • PREFERENCES • ABAP DEVELOPMENT finden. Unter SAP GUI INTEGRATION können Sie festlegen, ob Ihre SAP-GUI-Session in einem eigenen Fenster oder integriert in Eclipse geöffnet werden soll.

Abbildung 3.3 zeigt die Pflege der Metadaten des Pakets.

Abbildung 3.3: Paketeigenschaften in der SAP GUI festlegen

Dort können Sie wie gewohnt die KURZBESCHREIBUNG pflegen und weitere gewünschte Einstellungen vornehmen. Anschließend bestätigen Sie das Pop-up. Jetzt können Sie einen Transportauftrag wählen, auf den das Paket aufgenommen werden soll, wie Sie es aus der ABAP Workbench kennen.

Anschließend gelangen Sie in die Eigenschaftenübersicht des Pakets (siehe Abbildung 3.4).

> **Paket ohne Oberpaket**
>
> Ein Paket wird aus Eclipse heraus immer **ohne** Oberpaket angelegt. Wenn Sie also ein hierarchisch eingeordnetes Paket haben möchten, müssen Sie das Oberpaket über den Button ÄNDERN (siehe Abbildung 3.4) selbst hinzufügen.

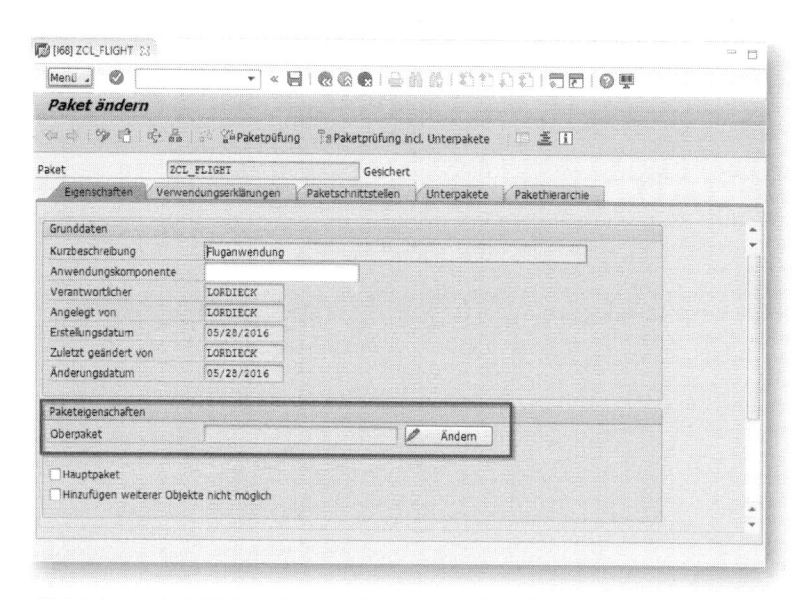

Abbildung 3.4: Paketeigenschaften nach erfolgreichem Anlegen

Sie haben jetzt erfolgreich Ihr Paket in dem zu Ihrem ABAP-Projekt gehörenden System und Mandanten angelegt. Im Weiteren zeige ich Ihnen, wie Sie ein Programm anlegen und Transporte auswählen.

3.3 Ein Programm anlegen

Um ein Programm anzulegen, können Sie – wie bei allen Entwicklungsobjekten – dem in Abschnitt 3.1 beschriebenen Weg folgen und in der Suchzeile Program eingeben. Damit Sie Ihr Programm direkt im soeben angelegten Paket erstellen können, gibt es zum Paket ebenfalls ein Kontextmenü, das Sie über einen Klick mit der rechten Maustaste auf Ihr Paket erreichen. Dort finden Sie in der Schnellauswahl im Menü NEW direkt den Punkt ABAP Program (siehe Abbildung 3.5).

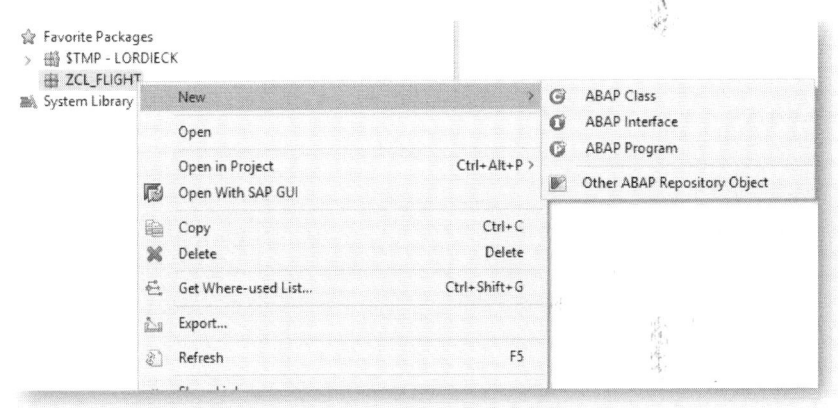

Abbildung 3.5: Schnellanwahl der Entwicklungsobjekte zum Paket

Wählen Sie diesen Punkt aus, erscheint die Maske zur Pflege der allgemeinen Programmeigenschaften. Wenn Sie den gerade beschriebenen Weg gewählt haben, ist das Paket wie in Abbildung 3.6 bereits vorbelegt. Andernfalls müssen Sie den Paketnamen zusätzlich zum Namen und der Beschreibung des neu anzulegenden Programms selbst eingeben.

ARBEITEN MIT ENTWICKLUNGSOBJEKTEN

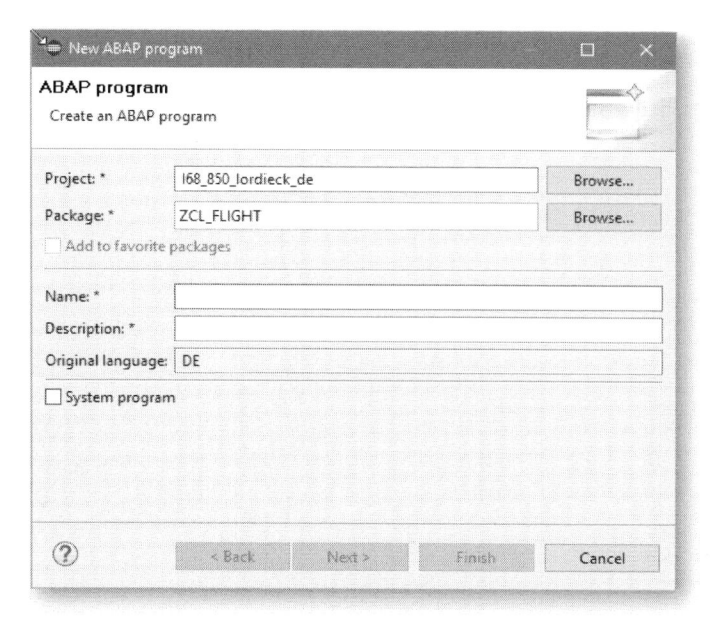

Abbildung 3.6: Programm anlegen – Eigenschaften pflegen

Zu Favoritenpaketen hinzufügen

Eclipse bietet Ihnen neben der Liste aller Pakete im PROJECT EXPLORER auch die Möglichkeit, sich Pakete als Favoriten zu merken. Damit gelangen Sie schnell und komfortabel zu Ihren täglich genutzten Entwicklungsobjekten. Während des Anlegens des Programms können Sie mit der Checkbox ADD TO FAVORITE PACKAGES dieses Paket direkt mit in die Favoriten aufnehmen (siehe Abbildung 3.7). Eine andere Möglichkeit bietet ein Rechtsklick auf das Paket und die Auswahl des Menüpunkts Add to favorites.

Project: *	I68_850_lordieck_de	Browse...
Package: *	ZCL_FLIGHT	Browse...
☐ Add to favorite packages		

Abbildung 3.7: Paket zu Favoriten hinzufügen

Sobald Sie alle Daten eingegeben haben, klicken Sie auf NEXT und gelangen in das Eclipse-eigene Fenster zur Transportauswahl (siehe Abbildung 3.8).

> **Vorbelegter Transport**
>
> Im Fenster für die Transportauswahl sehen Sie alle für dieses Entwicklungsobjekt verfügbaren Transporte, die Ihrem Benutzer zugeordnet sind. Diese sind nach ihrer Transportnummer in absteigender Reihenfolge sortiert. Dabei ist immer der oberste Eintrag vorbelegt und nicht der zuletzt genutzte, wie Sie es aus der ABAP Workbench gewohnt sind! Prüfen Sie also sorgfältig Ihre Transportauswahl vor Bestätigung des Fensters.

Nachdem Sie den Transport gewählt und bestätigt haben, ist das Anlegen des Programms abgeschlossen. Sie gelangen in die sogenannte *Editor-View,* in der jetzt Ihr Programm und später auch andere Entwicklungsobjekte wie Klassen oder Funktionsbausteine in einem Quelltext-Editor geöffnet werden. Im Editor-Fenster Ihres Programms können Sie genau wie in der ABAP Workbench Ihre Funktionalitäten implementieren.

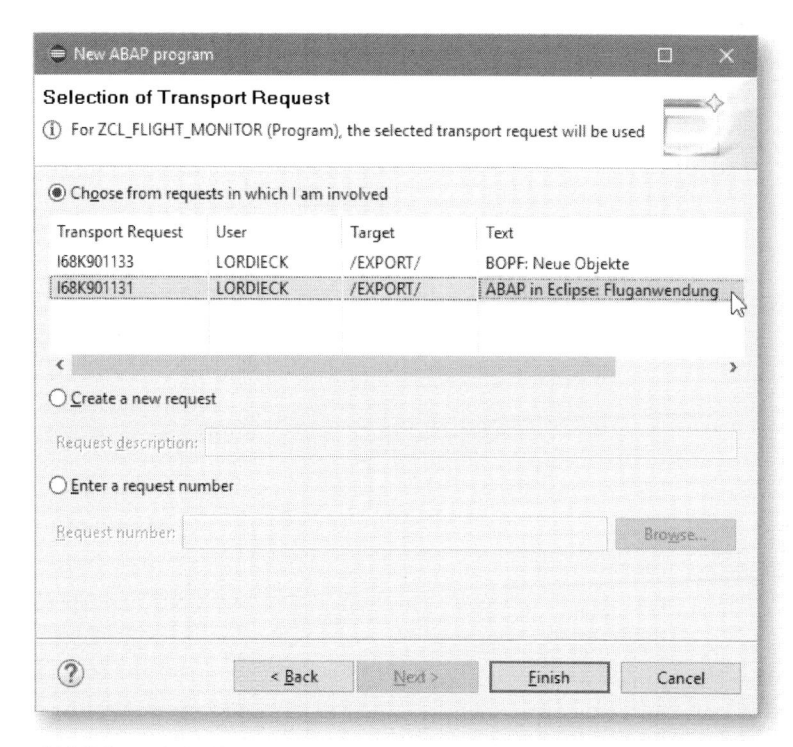

Abbildung 3.8: Transportauswahl – Achtung bei der Vorbelegung

Ein Klassiker ist an dieser Stelle das »Hello World«, um das erste Mal ein Programm in Eclipse auszuführen. Dafür implementieren Sie in Ihrem Programm den passenden Befehl WRITE: / 'Hello World'. Zum Speichern und Aktivieren können Sie die aus der ABAP Workbench bekannten Tastaturkürzel [Strg] + [S] (Speichern) und [Strg] + [F3] (Aktivieren) nutzen. Alternativ finden Sie auch in Eclipse die entsprechenden Icons, um diese Aktionen auszulösen.

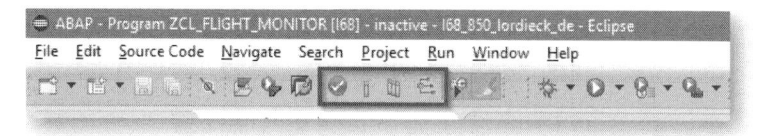

Abbildung 3.9: Prüfen, aktivieren und Verwendungsnachweis

Neben den Funktionen von Eclipse sehen Sie in Abbildung 3.9 die Icons für (von links nach rechts):

- das Prüfen und
- Aktivieren eines einzelnen Objekts bzw.
- Aktivieren mehrerer Objekte und
- den Verwendungsnachweis.

Bevor Sie Ihr Programm aktivieren, zeigt ein kleines Schloss am Zeichen für das Entwicklungsobjekt (in diesem Fall ⓟ für »Programm«) auf dem Eclipse-Tab, dass Ihr Programm für die Bearbeitung auf dem Server gesperrt wurde (siehe Abbildung 3.10). Wie in der ABAP Workbench kann nur **ein** Entwickler zur selben Zeit an einem Entwicklungsobjekt arbeiten. Gesetzt wird die Sperre, sobald Sie eine Änderung am Entwicklungsobjekt vornehmen, also z. B. bei einer Änderung im Quelltext oder beim Anpassen der Objekteigenschaften einer Domäne.

*[I68] ZCL_FLIGHT_MONITOR

Abbildung 3.10: Gesperrtes und ungespeichertes Programm

Der Stern »*« vor der Bezeichnung des Entwicklungsobjekts signalisiert außerdem, dass der aktuelle Stand noch nicht gespeichert wurde.

Nach der Aktivierung verschwindet das Schloss ebenso wie der Stern, da mit der Aktivierung wie üblich auch gespeichert wird. Im Gegensatz zur ABAP Workbench wird in Eclipse mit der Aktivierung (nicht mit dem Speichern) die bestehende Sperre auf das Entwicklungsobjekt freigegeben. Um das Objekt erneut zu sperren, bedarf es wieder einer Änderung am Objekt. Falls das Objekt zum Zeitpunkt der Bearbeitung bereits anderweitig gesperrt ist, erscheint eine Fehlermeldung, und Ihre Änderung wird nicht übernommen.

Wurde noch nicht aktiviert, aber gespeichert, kennzeichnet die Raute am Symbol eine vorhandene inaktive Version (siehe Abbildung 3.11).

`[168] ZCL_FLIGHT_MONITOR`

Abbildung 3.11: Entwicklungsobjekt ist aktiv und freigegeben

Wurde bereits gespeichert und aktiviert, sind alle soeben beschriebenen Zeichen vom Symbol verschwunden.

Kurz die Bedeutungen im Überblick:

- ▶ Schloss am Symbol – das Objekt ist auf dem Server zur Bearbeitung gesperrt.
- ▶ Graue Raute am Symbol – die aktuelle Version des Objektes ist inaktiv.
- ▶ Stern vor dem Namen – die vorgenommenen Änderungen wurden noch nicht gespeichert.

Um Ihr Programm nun auszuführen, haben Sie mehrere Möglichkeiten:

1. Sie starten den Test wie in der ABAP Workbench mit `F8`.
2. Sie wählen aus der Aktionsleiste (wo Sie auch die Funktionstaste zum Aktivieren finden) die Taste AUSFÜHREN.
3. Sie machen in Ihrem Quellcode des Programms oder auf dem Objekt im Project Explorer einen Rechtsklick und wählen das Menü RUN AS und wählen `ABAP Application`.

> **Funktionstaste ausführen**
>
> Wenn Sie Ihr Programm/Ihre Klasse/Ihr Entwicklungsobjekt das erste Mal ausführen wollen, müssen Sie über den Pfeil neben dem Symbol spezifizieren, in welchem Modus dies geschehen soll. Sonst passiert bei einem Klick gar nichts. Haben Sie den Modus einmal ausgewählt, führt die Funktionstaste immer die zuletzt gewählte Aktion aus.

Das Testen des Programms erfolgt wieder innerhalb einer in Eclipse geöffneten SAP GUI.

Neben *ABAP Application* bieten sich Ihnen noch zwei andere Möglichkeiten, Ihr Programm auszuführen:

1. ABAP Unit Test
2. ABAP Test Cockpit

Beide Optionen finden Sie auch in der ABAP Workbench wieder. Sie sind vollständig in die ADT integriert und werden nach wie vor weiterentwickelt, aber im Rahmen dieser Einführung in die ADT nicht vertieft.

Jetzt haben Sie erfolgreich Ihr erstes Programm angelegt und ausgeführt. Im Folgenden widme ich mich anderen Entwicklungsobjekten und ihren Besonderheiten bei der Entwicklung in Eclipse. Bereits erläuterte Schritte wie das Anlegen, Aktivieren oder Ausführen setze ich jetzt als bekannt voraus.

3.4 Strukturen anlegen

Wie Sie es aus bisherigen ABAP-Entwicklungen kennen, benötigen Sie häufig neue Data-Dictionary(DDIC)-Elemente wie »Datenelemente«, »Strukturen« oder »Tabellentypen« für eine korrekte Struktur und optimale Kapselung der Eigenentwicklung. Diese können Sie in Eclipse in derselben Oberfläche anlegen wie andere Entwicklungsobjekte.

Für einige dieser DDIC-Elemente gibt es in Eclipse einen formularbasierten Editor, der dem Standard-Editor der SE11 nachempfunden ist, wie z. B. für das Anlegen von Datenelementen.

Explizit für Strukturen wurde jedoch eine neue Syntax geschaffen, um diese (wie in Eclipse ansonsten üblich) über einen Quelltext statt über einen Formular-Editor mit all seinen unterschiedlichen Tabs und Anforderungen anlegen zu können. Um sich die Syntax nicht vollständig einprägen zu müssen, möchte ich Ihnen zeigen, wie das in der Praxis aussieht und wie Sie die notwendigen Hilfsmittel dafür finden und nutzen können.

> **Geplante Anlage-Option für DDIC-Elemente**
>
> Das langfristige Ziel des Entwicklungsteams der SAP ist, für alle Entwicklungsobjekte des DDICs auf Dauer eine in die ADT integrierte Option zum Anlegen bereitzustellen. Eine Konkretisierung, ob dies über einen formularbasierten Editor oder ebenfalls über eine neue Syntax geschehen wird, gibt es aktuell nicht.

Wenn Sie in Ihrem Paket über einen Rechtsklick auf Ihr Paket und den Menüpfad NEW • OTHER ABAP REPOSITORY OBJECT • STRUCTURE eine neue Struktur anlegen, öffnet sich ein weiterer Editor mit einer Grundstruktur der neuen Syntax (siehe Abbildung 3.12).

```
[I68] ZCL_S_FLIGHTS_ALV
1  @EndUserText.label : 'Anzeigestruktur Fluganwendung'
2  @AbapCatalog.enhancementCategory : #NOT_EXTENSIBLE
3  define type zcl_s_flights_alv {
4    component_to_be_changed : abap.string(0);
5
6  }
```

Abbildung 3.12: Grundlegende Syntax bei Strukturen

Dieses Prinzip wird in den ADT überall dort verfolgt, wo Sie eine Abweichung zur bekannten Bearbeitungsoberfläche der ABAP Workbench feststellen: Es gibt entweder eine direkte Vorlage der benötigten Syntax für die weitere Bearbeitung etwa von Strukturen oder auch globalen Klassen, die direkt mit einem Definitions- und einem Implementierungsblock erstellt werden. Oder aber Sie erhalten einen Hinweis, z. B. in Form eines Kommentars beim Anlegen von Funktionsbausteinen, wie Sie die entsprechende Vorlage für die Syntax einfügen können.

Die hier aufgezeigte Syntax können Sie nicht in einem Programm oder einer globalen Datendefinition einer Funktionsgruppe oder Ähnlichem nutzen, um Strukturen anzulegen. Im Hintergrund wird nach wie vor ein bestimmtes Objekt im DDIC angelegt, wie Sie es aus der SE11 gewohnt sind.

Die dargestellte Syntax besteht aus zwei Hauptbestandteilen:

1. Die mit @ beginnenden Zeilen sind sogenannte *ABAP Annotations*. Da dies der gängige Begriff dafür ist und eine deutsche Übersetzung »Anmerkungen« an dieser Stelle der Fachsprache nicht gerecht wird, verwende ich im weiteren Verlauf die englische Form.

2. Ab dem `define type` beginnt die eigentliche Strukturdefinition.

Was sind aber nun eigentlich ABAP Annotations? Letzten Endes sind dies Befehle, die einer bestimmten Syntax unterliegen und deren Inhalt von den dafür vorgesehenen Klassen im ABAP-Backend ausgewertet wird. In verschiedenen Kontexten können sie unterschiedliche Funktionen erfüllen. Häufig werden sie wie im Fall der Strukturdefinition genutzt, um Metadaten des Objekts oder – in anderen Programmiersprachen wie Java – einer Methode festzulegen.

Es gibt zwei ABAP Annotations, die für Strukturen definiert werden müssen:

1. `@EndUserText.label` entspricht der beim Anlegen der Struktur mitgegebenen Beschreibung und kann jederzeit geändert werden (siehe Abbildung 3.13).

2. `@AbapCatalog.enhancementCategory` entspricht der aus der SE11 bekannten Erweiterungskategorie, die für Strukturen und Datenbanktabellen immer zu pflegen ist.

Name: *	ZCL_S_FLITGHTS
Description: *	Diese Beschreibung entspricht EndUserText.label
Original language:	DE

Abbildung 3.13: Beschreibung der Struktur entspricht der ABAP-Annotation @EndUserText.label

Die Strukturdefinition folgt einer einfachen Syntax:

```
define type <Name der Struktur> {
<Name der Komponente> : <Typ der Komponente>;
<Name der 2. Komponente> : <Typ der 2. Komponente>;
}
```

Diese Syntax erinnert stark an die Java-Syntax: Der Definitionsblock wird von geschwungenen Klammern geöffnet und geschlossen, und jede Zeile wird mit einem Semikolon beendet.

Damit sind Sie in der Lage, Strukturen anzulegen. Im Anschluss möchte ich Ihnen noch die Vorgehensweise für Funktionsbausteine erläutern, womit Sie dann die größten Unterschiede zur ABAP Workbench kennengelernt haben.

3.5 Funktionsbausteine anlegen

Üblicherweise werden zentrale, wiederkehrende Aufgaben oder auch Teilprozesse in Funktionsbausteine (engl.: Function Module = FM) ausgelagert. Statt wie bisher in der SE37 oder der ABAP Workbench, werden diese in Eclipse nicht über eine Formular-basierte Oberfläche angelegt, sondern direkt über einen Quelltext-Editor.

> **Funktionsgruppe für den Funktionsbaustein**
>
> Nachfolgend wird ein Funktionsbaustein angelegt. Damit Sie die notwendigen Schritte nachvollziehen können, benötigen Sie wie gewohnt eine Funktionsgruppe. Diese können Sie über den bekannten Weg NEW • OTHER ABAP REPOSITORY OBJECT • ABAP FUNCTION GROUP anlegen, falls Sie nicht eine bereits vorhandene nutzen wollen.

Sie können Ihren Funktionsbaustein über NEW • OTHER ABAP REPOSITORY OBJECT • ABAP FUNCTION MODULE aus dem Kontextmenü des Pakets heraus anlegen. In diesem Fall müssen Sie die Funktionsgruppe manuell in das erscheinende Fenster eintragen. Alternativ nutzen Sie das Kontextmenü der Funktionsgruppe und starten den Prozess über NEW ABAP FUNCTION MODULE. Dann wird das Feld FUNCTION GROUP direkt mit der gewählten Funktionsgruppe vorbelegt (vgl. Abbildung 3.14).

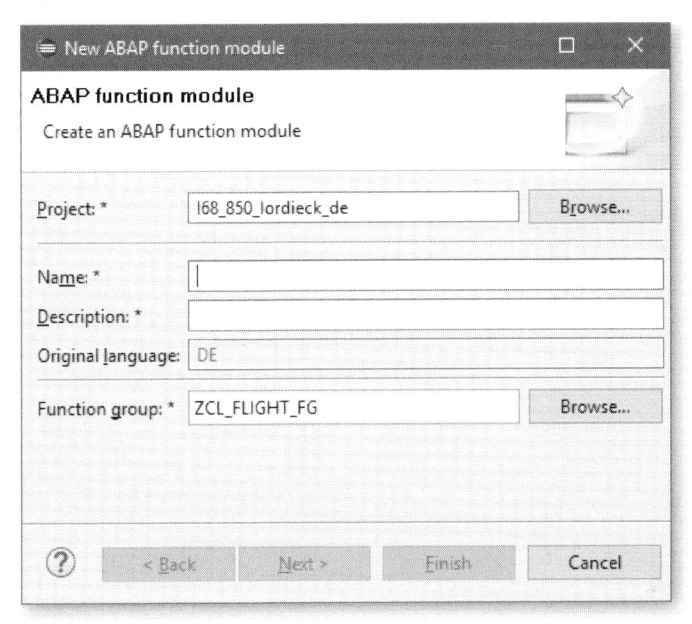

Abbildung 3.14: Anlage eines Funktionsbausteins mit vorbelegter Funktionsgruppe

Den Namen und die Beschreibung pflegen Sie entsprechend Ihren Anforderungen. Die Originalsprache kann nicht geändert werden; diese ist durch Ihr ABAP-Projekt fest vorgegeben. Das hat auf der einen Seite den Vorteil, dass Sie sich darum nicht zu kümmern brauchen. Andererseits können Sie auch bei geänderten Anforderungen nur über ein neues ABAP-Projekt eine andere Originalsprache erreichen.

Nach der Bestätigung Ihrer Eingaben und der Auswahl des Transportes öffnet sich der Quelltext-Editor, der mit Ausnahme eines Kommentars und des Rahmens für den Funktionsbaustein leer ist:

```
FUNCTION Z_CL_BOOK_FLIGHT
 " You can use the template 'functionModuleParameter' to
 add here the signature!
.
ENDFUNCTION.
```

Als nächsten Schritt fügen Sie die Vorlage (engl.: Template) »functionModuleParameter« ein. Dazu können Sie sich über WINDOW • SHOW VIEW • TEMPLATES die Liste der verfügbaren Vorlagen anzeigen lassen und die genannte Vorlage per Drag & Drop in den Quelltext-Editor ziehen (siehe Abbildung 3.15).

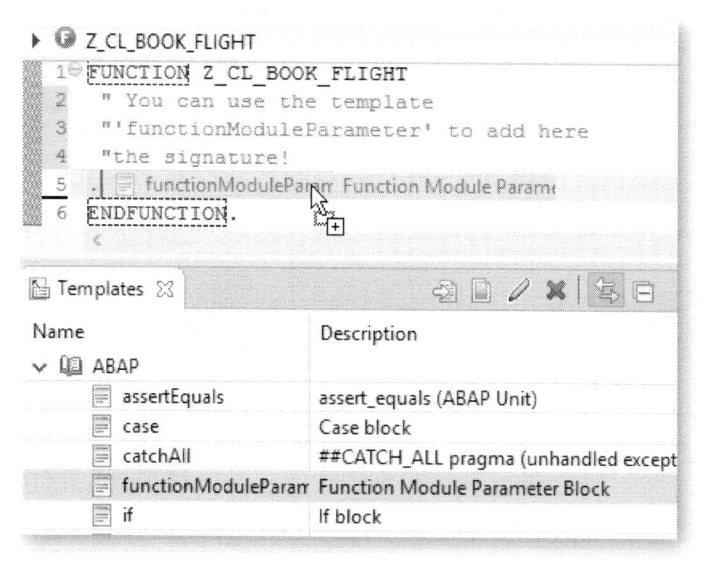

Abbildung 3.15: Vorlage für die Schnittstelle des FM nutzen

Ich bitte Sie, an dieser Stelle noch nicht zu fragen, was eine Vorlage ist und ob das nicht einfacher geht. Das geht es definitiv! Wie, das erfahren Sie in Abschnitt 4.5.

Ihr Quelltext sieht nach dem Einfügen der Vorlage wie folgt aus:

```
FUNCTION Z_CL_BOOK_FLIGHT
IMPORTING
   VALUE(IM_P1) TYPE type1 OPTIONAL
   VALUE(IM_P2) TYPE type2 DEFAULT def_value
EXPORTING
   EX_P1        TYPE REF TO STRING
CHANGING
   CH_1         TYPE ANY
TABLES
   TAB_P1       LIKE structure_name
   TAB_P2       TYPE tab_type
RAISING
   CX_SY_ZERODIVIDE
   RESUMABLE(CX_SY_ASSIGN_CAST_ERROR).
ENDFUNCTION.
```

Über dieses Schema können Sie jetzt die Schnittstelle Ihres Funktionsbausteins definieren und anschließend die Implementierung vornehmen.

> **Eigenschaften des Funktionsbausteins**
>
> Ein Manko an dieser Art der Definition des Funktionsbausteins ist, dass Sie die zentralen Eigenschaften nicht direkt über die ADT pflegen können. Zum Beispiel ist es hier nicht möglich, den Funktionsbaustein über eine Syntax als »remote-fähig« zu kennzeichnen. Welche Möglichkeiten Sie über die sogenannte *Pseudo-Syntax* haben, die extra für die ADT geschaffen wurde, finden Sie über die [F1]-Hilfe auf dem Schlüsselwort FUNCTION heraus.

Bis hierhin haben Sie schon einige Funktionen kennengelernt, die sich deutlich von der Entwicklung in der SAP GUI unterscheiden und auf den ersten Blick nicht besonders komfortabel wirken. Darunter sind u. a. der Sprung in die SAP GUI beim Anlegen eines Pakets und die behelfsmäßig wirkende Möglichkeit, die Schnittstelle eines Funktionsbausteins zu definieren.

Ein Gedanke wie »Warum sollte ich mir das Leben schwerer machen als bisher« erweist sich jedoch spätestens beim Weiterlesen als Trugschluss – denn das war nur »der erste Eindruck«, der allzu leicht (wie auch im sozialen Umfeld) die Einstellung gegenüber etwas Neuem prägt. Bitte lassen Sie sich davon nicht abschrecken, denn was jetzt kommt, wird Sie hoffentlich genauso begeistern wie mich.

Um die wesentlichen Aspekte der verfügbaren Möglichkeiten zu finden und zu nutzen, stelle ich Ihnen in Kapitel 4 die Hilfsmittel vor, die Eclipse als Entwicklungsumgebung so wertvoll machen und Ihnen viele Aufgaben erleichtern.

4 Hilfsmittel und nützliche Funktionen

Ein Umstieg von der ABAP-Entwicklung in der ABAP Workbench auf die ABAP Development Tools for Eclipse war keine spontane Laune der SAP, sondern geschah wie eingangs erwähnt aufgrund der neuen Anforderungen an eine zukunftsfähige Entwicklungsumgebung. Die Eclipse IDE bietet zudem standardmäßig wie auch mithilfe installierter Komponenten der ADT viele kleine Hilfsmittel und zusätzliche Funktionen, die die tägliche Arbeit des Entwicklers stark vereinfachen.

Von diesen Funktionen möchte ich Ihnen die wohl am häufigsten genutzten vorstellen. Darunter sind einige, die Ihnen aus der Entwicklung in der ABAP Workbench eines aktuellen SAP-NetWeaver-Systems (7.40 oder höher) durchaus bekannt vorkommen dürften. Andere wiederum gibt es ausschließlich in Eclipse. Da die ABAP Workbench zudem nicht mehr weiterentwickelt wird, die ADT aber nach wie vor im Fokus sind und ständiger Verbesserung unterliegen, liegt schon jetzt der Vorteil klar aufseiten der Eclipse IDE.

4.1 Code-Vervollständigung

Mit dem SAP-NetWeaver-Release 7.40 wurde im SAP Backend ein vermeintlich neues Feature implementiert, dass die Eclipse IDE schon seit vielen Jahren kannte – die *Code-Vervollständigung* (engl.: Code Completion) oder auch Auto-Vervollständigung. Eine für sich gesehen simple Funktion, die jedem Entwickler das Leben massiv vereinfacht und neben der Schreib- auch einiges an Denk-Arbeit einspart.

Die Code-Vervollständigung bietet einem Entwickler die Möglichkeit, eine begonnene Anweisung im Quelltext vom System prüfen zu lassen, sodass dieses direkt Vorschläge unterbreitet, wie der eingegebene Befehl fortgesetzt werden kann. Ein Vorschlag kann die verschiedensten Elemente betreffen:

- ▶ Klassen- oder Methodennamen,
- ▶ Entwicklungsobjekte wie DDIC–Elemente,
- ▶ Funktionsbausteine,
- ▶ Programme.
- ▶ usw.

Es endet aber nicht mit der Vervollständigung bereits angefangener Befehle oder Objektnamen. Wenn Sie aus den Vorschlägen den passenden ausgewählt haben, können Sie auch den Aufruf mitsamt möglicher vorhandener Schnittstellen oder einer vordefinierten Syntax-Struktur automatisch erstellen lassen.

Befehle mithilfe des Quick Fix erzeugen

zB Ich habe eine Klasse `ZCL_CL_FLIGHT_MONITOR`, die mir eine Methode `GET_CARRIER_LIST` bereitstellt. In meinem zuvor erstellten Programm `ZCL_FLIGHT_MONITOR` möchte ich mir von dieser Klasse ein Objekt erzeugen und die Methode aufrufen. Schon bei der Datendeklaration kann ich meine Objektreferenz auf die Klasse vervollständigen und anschließend den Methodenaufruf einfügen lassen. Die notwendigen Schritte gehe ich nachfolgend mit Ihnen durch.

Ich beginne mit der Deklaration meiner globalen Objektvariable und nutze bei der Typisierung direkt die Code-Vervollständigung. Dazu beginne ich, den Klassennamen zu schreiben, und drücke an einer beliebigen Stelle im Namen die Tastenkombination [Strg] + [ ]. Daraufhin erhalte ich eine Vorschlagsliste für die Vervollständigung (vgl. Abbildung 4.1). Nach dem Markieren des gewünschten Vorschlags kann ich diesen durch einen Doppelklick oder Drücken der [↵]-Taste einfügen.

Sie sehen schon hier, dass zusätzlich zum reinen Namen der Klasse noch weitere Informationen angezeigt werden, darunter die Public-Methoden und die möglicherweise vorhandene Dokumentation, mindestens aber die Kurzbeschreibung der Klasse.

```
DATA:
  go_ctrl
    TYPE REF TO zcl_cl_
```

zcl_cl_flight_monitor

zcl_cl_flight_monitor
  constructor
  get_carrier_list

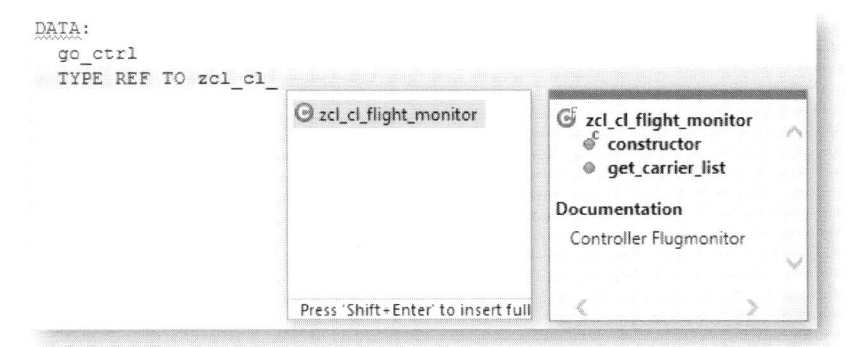

Documentation
Controller Flugmonitor

Press 'Shift+Enter' to insert full

Abbildung 4.1: Auto-Vervollständigung schlägt Klasse vor

Das gleiche Vorgehen können Sie auch bei einem Methodenaufruf anwenden: Sie implementieren den Aufruf wie gewohnt, indem Sie (wie in meinem Beispiel in Abbildung 4.2) den Objektnamen eingeben und hinter dem Referenz-Pfeil `->` die Auto-Vervollständigung über `Strg` + `          ` aktivieren.

```
 6  REPORT zcl_flight_monitor.
 7
 8  DATA:
 9    go_ctrl
10      TYPE REF TO zcl_cl_flight_monitor.
11
12  go_ctrl->
```

get_carrier_list

get_carrier_list
  exporting et_carrier type sbc400_t_scarr

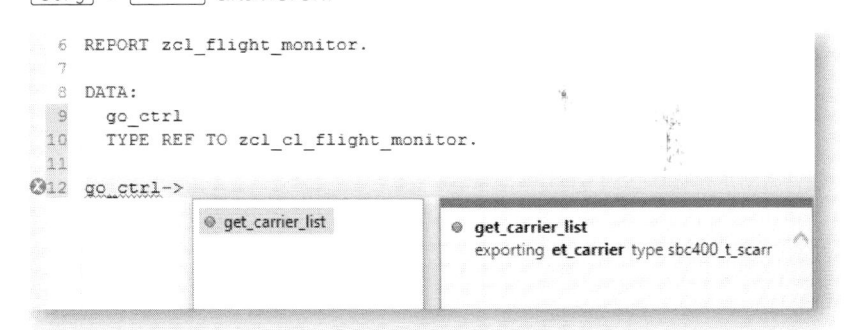

Abbildung 4.2: Vorschlag der Methode mit Anzeige der Schnittstelle

Auch hier werden Ihnen zusätzliche Informationen angezeigt, die für die Entwicklung essenziell sind, nämlich die Methodenschnittstelle mit allen Parametern (`exporting et_carrier`) und den entsprechenden Typisierungen (`type sbc400_t_scarr`). Damit können Sie jetzt jederzeit ohne umständliche Vorwärtsnavigation oder separates Aufrufen der Klassendefinition prüfen, ob Ihre Variablen vom geforderten Typ sind und, falls nicht, den richtigen Typen gleich identifizieren.

Haben Sie den passenden Methodenaufruf gefunden, können Sie jetzt entweder wie zuvor über einen Doppelklick oder über das Bestätigen Ihrer Auswahl mit der ⏎-Taste den Namen vervollständigen. Sie können jedoch auch über die Tastenkombination ⇧ + ⏎ die Methode samt Signatur einfügen:

```
11
12  go_ctrl->GET_CARRIER_LIST(
13  *   importing
14  *     ET_CARRIER =
15  ).
```

Abbildung 4.3: Code-Vervollständigung inklusive Signatur

Gerade bei Methoden- oder Funktionsbaustein-Aufrufen mit vielen Parametern oder Ausnahmen sparen Sie sich auf diese Weise eine Menge Arbeit.

Diese Code-Vervollständigung entspricht vom Prinzip her der aus der ABAP Workbench bekannten Schaltfläche MUSTER, über die Sie nicht ganz so komfortabel Ähnliches erreichen können.

Allerdings gehen die Möglichkeiten über das reine Vervollständigen von Befehlen im Code hinaus. Sie können diese Funktion z. B. auch bei der Typisierung Ihres soeben angelegten Datenelements oder Ihrer Struktur nutzen. Solange Sie sich rein in der Eclipse IDE und keiner integrierten SAP GUI bewegen, lohnt sich immer ein kurzer Test, ob die Code-Vervollständigung Vorschläge anbietet.

```
⊘17  CALL FUNCTION 'BAPI_TRANSACTION_COMMIT'
  18
```

Abbildung 4.4: Beispiel Cursorposition zur Vervollständigung für Funktionsbausteine

> **Code-Vervollständigung bei Funktionsbausteinen**
>
> Auch für den Aufruf eines Funktionsbausteins können Sie diese Funktion nutzen. Sobald Sie Ihr `CALL FUNCTION` geschrieben haben, werden Ihnen passende Treffer angezeigt. **Mein Tipp:** Nutzen Sie die Hilfe immer dann, wenn Ihr Cursor sich innerhalb der beiden Anführungszeichen des Funktionsbaustein-Namens befindet (vgl. Abbildung 4.4). Wenn Sie dann den Aufruf über ⎢⇧⎥ + ⎢↵⎥ erzeugen lassen, erscheint das gewünschte Ergebnis. Außerhalb der Anführungszeichen kann es zu unbeabsichtigten Funktionen wie dem doppelten Einfügen des Baustein-Namens kommen.

Sie kennen vermutlich auch die Situation, dass Sie ganz grob den Namen des Funktionsbausteins oder der Methode im Kopf haben, die Vervollständigung Ihnen aber nicht den gewünschten Vorschlag anzeigt. Bisher konnten Sie dafür entweder die ⎢F4⎥-Hilfe nutzen oder selbst in der passenden Transaktion das richtige Objekt suchen.

An dieser Stelle kommt ein weiterer Vorteil der Code-Vervollständigung zum Tragen: Es werden auch die aus SAP bestens bekannten Wildcards in Form von »*« berücksichtigt. So können Sie, wie in Abbildung 4.5 zu sehen, die bekannten Namens-Blöcke mit Wildcards verbinden und sich passende Ergebnisse über die Code-Vervollständigung anzeigen lassen.

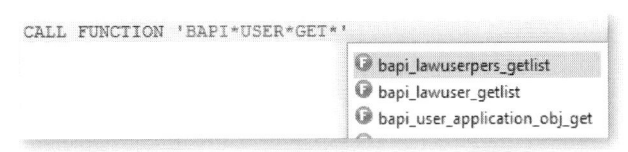

```
CALL FUNCTION 'BAPI*USER*GET*'
                        🟢 bapi_lawuserpers_getlist
                        🟢 bapi_lawuser_getlist
                        🟢 bapi_user_application_obj_get
```

Abbildung 4.5: Code-Vervollständigung mit Wildcards

4.2 Syntax-Prüfung

Bestimmt sind Ihnen in Abbildung 4.2 und Abbildung 4.4 die großen Symbole mit dem weißen »X« auf rotem Grund vor den Zeilennummern aufgefallen. Auch die roten, geschlängelten Linien wie unterhalb des CALL in Abbildung 4.4 werden Ihnen nicht entgangen sein.

Die dahinter liegende Funktion der *Syntax-Prüfung* bildet einen weiteren Vorteil der ADT gegenüber der ABAP Workbench. Schon während Sie Ihre Klassen und Programme implementieren, wird ständig Ihr Quelltext einer Syntax-Prüfung unterzogen, ohne dass Sie manuell eine Prüfung veranlassen müssten. Das ist am Anfang sicher gewöhnungsbedürftig; schließlich ist es absolut üblich, dass in einem gerade in Arbeit befindlichen Programm noch Fehler sind. Sie haben aber auf diese Weise jederzeit den Überblick, ob Sie noch gravierende Mängel beheben müssen, die Sie an der Aktivierung hindern würden, bevor Sie diese durchführen. Weiterhin können Sie z. B. bei der Veränderung einer Methodensignatur sofort erkennen, auf welche Stellen in Ihrem Quelltext sich diese Änderung auswirkt.

> **Änderung an der Methodenschnittstelle**
>
> **zB** Ich habe den Aufruf der in Abschnitt 4.1 vorgestellten Methode `GET_CARRIER_LIST` in den Konstruktor der dazugehörigen Klasse aufgenommen. Jetzt ändere ich die Schnittstelle der Methode, indem ich noch einen Importing-Parameter `IV_CARRID` hinzufüge.
> Die Syntax-Prüfung zeigt mir sofort an, an welcher Stelle meines Quelltextes dadurch Fehler entstehen und welche es sind.

Angenommen, meine bisherige Klassenimplementierung entspricht der in Abbildung 4.6 gezeigten.

```
 *[I68] ZCL_FLIGHT_MONIT...     [I68] ZCL_CL_FLIGHT_MONI...
▸  ZCL_CL_FLIGHT_MONITOR ▸  ○ MT_CARRIER
  6   PUBLIC SECTION.
  7     DATA: mt_carrier TYPE sbc400_t_scarr.
  8     METHODS:
  9       constructor,
 10       get_carrier_list
 11         EXPORTING
 12           et_carrier TYPE sbc400_t_scarr.
 13
 14   PROTECTED SECTION.
 15   PRIVATE SECTION.
 16 ENDCLASS.
 17 CLASS zcl_cl_flight_monitor IMPLEMENTATION.
 18   METHOD constructor.
 19     get_carrier_list(
 20       IMPORTING
 21         et_carrier = mt_carrier
 22     ).
 23   ENDMETHOD.
 24
```

Abbildung 4.6: Klassenimplementierung ohne Fehler

Nun füge ich den zusätzlichen Importing-Parameter zur Methoden-Definition von `GET_CARRIER_LIST` hinzu. Sofort werden mir die jetzt fehlerhaften Methodenaufrufe angezeigt. In der Spalte links neben den Zeilennummern sehen Sie den Fehler in Form des Error-Zeichens nur, wenn Sie auch den Quelltext sehen, der dazugehört. Auf der rechten Seite bildet die schmale Leiste (neben dem Scrollbalken, falls vorhanden) sozusagen eine Übersicht über den gesamten Quelltext. Gibt es fehlerhafte Stellen, wird dort entsprechend ein schmaler roter Balken angezeigt (vgl. Abbildung 4.7).

Hilfsmittel und nützliche Funktionen

```
*[I68] ZCL_FLIGHT_MONIT...      *[I68] ZCL_CL_FLIGHT_MO...

▶ ZCL_CL_FLIGHT_MONITOR ▶ ● GET_CARRIER_LIST
  6    PUBLIC SECTION.
  7      DATA: mt_carrier TYPE sbc400_t_scarr.
  8      METHODS:
  9        constructor,
 10        get_carrier_list
 11          IMPORTING iv_carrid TYPE s_carr_id
 12          EXPORTING
 13            et_carrier TYPE sbc400_t_scarr.
 14
 15    PROTECTED SECTION.
 16    PRIVATE SECTION.
 17  ENDCLASS.
 18  CLASS zcl_cl_flight_monitor IMPLEMENTATION.
 19    METHOD constructor.
⊗20    get_carrier_list(
 21        IMPORTING
 22          et_carrier = mt_carrier
 23      ).
 24    ENDMETHOD
```

Abbildung 4.7: Klasse mit Fehlern in der Syntax-Prüfung

Wenn Sie den Mauszeiger auf das Error-Zeichen am linken Rand oder den schmalen roten Balken am rechten Rand positionieren, wird Ihnen der Fehlertext direkt angezeigt:

```
 17  ENDCLASS.
 18  CLASS z Der obligatorische Parameter "IV_CARRID" wurde nicht versorgt.
 19    METHOD constructor.
⊗20    get_carrier_list(
 21        IMPORTING
 22          et_carrier = mt_carrier
```

Abbildung 4.8: Anzeige des Fehlertextes am Error-Balken

Stellen Sie sich vor, Sie haben eine umfangreiche Klasse mit über 2000 Zeilen Code und ändern eine darin viel genutzte Methode. Anhand dieser schematischen Repräsentation des Gesamt-Quelltextes der Klasse können Sie sofort ausmachen, wie viele Fehler Ihre Änderung in dieser Klasse hervorgerufen hat. Durch einen Klick auf den kleinen roten Balken gelangen Sie zudem direkt an die fehlerhafte Stelle im Quelltext und können den Aufruf überarbeiten.

Neben den roten Error-Meldungen gibt es Warnmeldungen bzw. Hinweise, die mit einem gelben Dreieck gekennzeichnet sind. Auch diese entsprechen den Prüfungen, die Sie in der ABAP Workbench über das Tastaturkürzel [Strg] + [F2] (Prüfen) auslösen können.

> **Übergreifende Prüfung erst nach Aktivierung**
>
> Eine direkte Syntax-Prüfung findet nur im aktuell geöffneten Entwicklungsobjekt statt. Wie auch in der ABAP Workbench können andere Quelltexte erst überprüft werden, wenn das überarbeitete Objekt aktiviert wurde. Erst dann sehen Sie dort zuverlässig die entstandenen Fehler und können diese korrigieren. Wenn Ihnen eine Meldung merkwürdig vorkommt, kontrollieren Sie, dass alle anderen Objekte aktiviert sind. Damit stellen Sie sicher, dass für die Prüfung die jeweils aktuellsten Versionen der Objekte zur Verfügung stehen und keine falschen oder schon behobenen Fehler angezeigt werden.

Über dieselbe Tastenkombination [Strg] + [F2] oder die Funktionstaste ✓ aus der Aktionsleiste lösen Sie in Eclipse die Syntax-Prüfung manuell aus. Werden dabei Fehler gefunden, finden Sie am unteren

Bildrand eine Meldung in roter Schriftfarbe (vgl. Abbildung 4.9). Aus der Prüfung resultierende Meldungen finden Sie nach ihrer Art gruppiert im sogenannten *Problems View,* den Sie in der View-Leiste über das Symbol ▦ erreichen (vgl. Abbildung 4.10).

Abbildung 4.9: Meldung weist auf gefundene Fehler hin

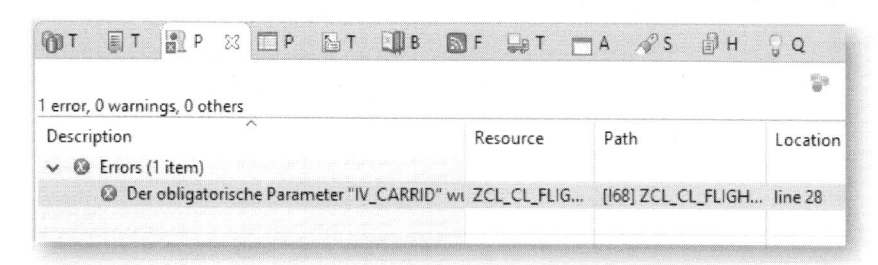

Abbildung 4.10: Liste der gefundenen Fehler und Warnungen

Per Doppelklick auf eine der angezeigten Meldungen springt das System wie gewohnt direkt zur als fehlerhaft identifizierten Zeile, und Sie können eine Korrektur vornehmen.

4.3 Quick Fix

Mit den ADT wird noch auf eine weitere Funktion von Eclipse zugegriffen, die Ihnen neben der ohnehin schon vorhandenen Code-Vervollständigung zusätzlich Arbeit abnimmt: Für die Entwicklung mit ABAP und ABAP OO sind heute bereits viele verschiedene sogenannte *Quick Fixe* verfügbar, und mit jeder neuen Version der ADT werden weitere hinzugefügt.

Ein Quick Fix ist eine vordefinierte Aktion zu einem aktuell ausgewählten Befehl oder Entwicklungsobjekt. Davon kann es mehrere für ein Objekt oder einen Befehl geben, aus denen Sie die passende auswählen können.

> **Neue Methode aus einem Aufruf generieren**
>
> **zB** Bei der Implementierung Ihres Programms fällt Ihnen auf, dass Sie für die gerade bearbeitete Funktion noch eine Methode brauchen, die Sie über ein bestehendes Objekt aufrufen wollen. Üblicherweise würden Sie jetzt den Aufruf implementieren und abspeichern, um anschließend die Methode über den Assistenten oder manuell anzulegen und die Schnittstelle zu spezifizieren. Stattdessen können Sie jetzt den Aufruf bequem über den Quick Fix anlegen – aus dem bereits implementierten Aufruf übernimmt Eclipse automatisch die angegebenen Parameter und erschließt (soweit möglich) die Typen aus dem Quelltext.

In Abbildung 4.11 sehen Sie das Fenster für die Funktion *Quick Assist* (nachfolgend »Quick Fix« genannt), die auf einem Aufruf einer noch nicht vorhandenen Methode angesteuert wurde. Zur Nutzung der Funktion setzen Sie den Cursor auf den Methodennamen und drücken die Tastenkombination [Strg] + [1].

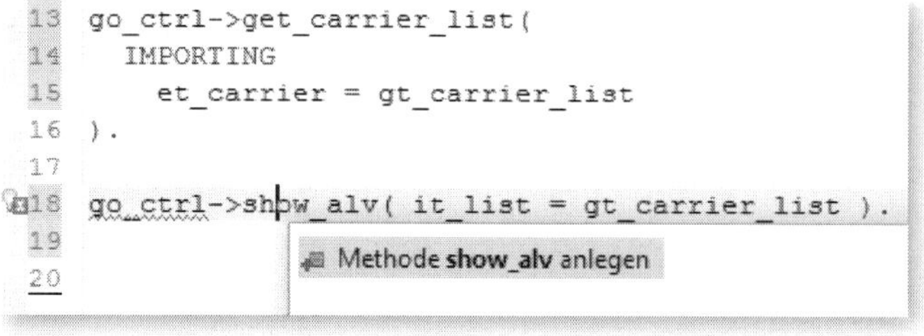

```
13 go_ctrl->get_carrier_list(
14   IMPORTING
15     et_carrier = gt_carrier_list
16 ).
17
18 go_ctrl->show_alv( it_list = gt_carrier_list ).
19        🔧 Methode show_alv anlegen
20
```

Abbildung 4.11: Quick Fix zum Anlegen der Methode

Wenn Sie die Aktion METHODE SHOW_ALV ANLEGEN bestätigen, z. B. über einen Doppelklick, öffnet sich der Assistent, der Ihnen aus der ABAP Workbench bekannt vorkommen dürfte. Dieser übernimmt direkt den in der Schnittstelle definierten Parameter `it_list` und weist ihm den Typ der globalen Tabelle `gt_carrier_list` zu (vgl. Abbildung 4.12).

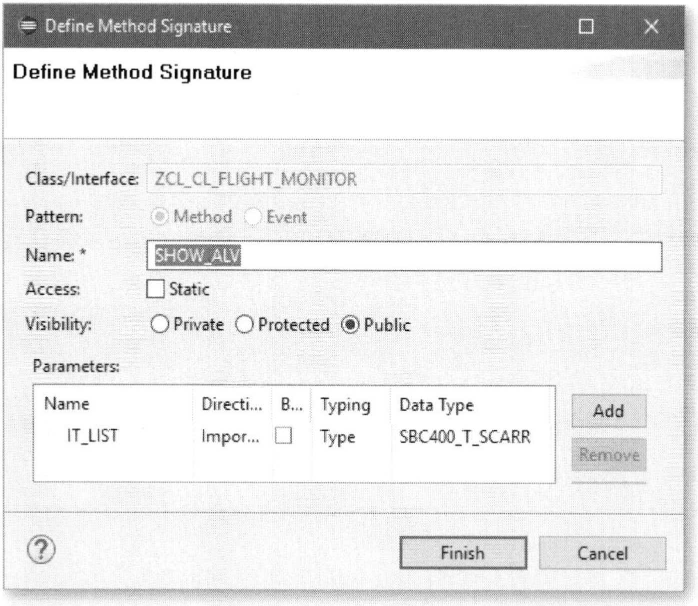

Abbildung 4.12: Aktion »Methode anlegen« übernimmt die Schnittstelle

Mit der Bestätigung des Assistenten werden Ihnen eine Methodendeklaration und -implementierung angelegt.

Über die Funktion »Quick Assist« haben wir gerade einen Fehler behoben und eine nicht vorhandene Methode angelegt. Es gibt darüber hinaus noch einige andere nützliche Quick Fixes, die Ihnen lästige Arbeiten abnehmen können. Ein weiteres Beispiel dafür ist das **Löschen einer Methode**.

Im formularbasierten Klassen-Editor der ABAP Workbench bzw. mit dem Class Builder (SE24) der SAP GUI können Sie Methoden über die Tabelle in einem Schritt löschen. Anders ist das jedoch im Quelltext-Editor, in dem Sie sowohl die Deklaration als auch die Implementierung separat löschen müssen.

Um dies über den Quick Assist lösen zu lassen, markieren Sie den Methodennamen in der Deklaration oder der Implementierung und drücken die Kombination ⌈Strg⌋ + ⌈1⌋ für den Assistenten (siehe Abbildung 4.13).

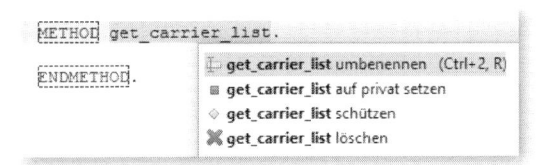

```
METHOD get_carrier_list.
ENDMETHOD.
```
- get_carrier_list umbenennen (Ctrl+2, R)
- get_carrier_list auf privat setzen
- get_carrier_list schützen
- get_carrier_list löschen

Abbildung 4.13: Quick-Fix-Aktionen auf Klassenmethoden

Daraufhin wird Ihnen neben dem Ändern der Sichtbarkeit der Methode auch das Löschen vorgeschlagen, wobei beide Bestandteile (Deklaration und Implementierung) der Methode direkt aus der Klasse entfernt werden.

Für die verschiedensten Objekte und Befehle finden Sie auf diese Weise kleine vorgefertigte Aktionen, die Ihnen zügig weiterhelfen und den Fokus nicht durch ständige Wechsel der Editoren vom eigentlichen Quelltext ablenken.

> **Hinweis auf Quick Fix für Meldungen**
>
> Durch die in Abschnitt 4.2 beschriebene Syntax-Prüfung werden Fehler und Warnungen direkt an der betroffenen Zeile des Quelltextes angezeigt. Falls für diese Fehler bzw. die betroffenen Objekte ein Quick Fix vorhanden ist, erhalten Sie statt des normalen Symbols der Fehlerkategorie neben der Zeilennummer immer eine Glühbirne mit dem Symbol der Fehlerkategorie angezeigt. So symbolisiert zum Beispiel ⚠ einen Warnhinweis, für den ein Quick Fix vorhanden ist.

Auch für den Quick Assist existiert ein eigener *Quick Assist View*, in dem Sie detaillierte Informationen zu einem Quick Fix erhalten, falls diese hinterlegt wurden. Den Quick Assist View können Sie über die Tastenkombination [Strg] + [⇧] + [1] erreichen. Alternativ finden Sie ihn in der Leiste der für die ABAP-Perspektive hinterlegten Views hinter dem Symbol 💡.

4.4 ABAP Doc

Aus der ABAP Workbench bzw. dem Class Builder sind Ihnen vermutlich die Formular-basierten Editoren bekannt, bei denen zu einer Variable oder einer Methode auch gleich eine Kurzbeschreibung hinterlegt werden kann. In Klassen gibt es zudem die Möglichkeit, einen sogenannten *Langtext*, was tatsächlich eine umfangreiche Dokumentation mit Verweisen und Beispielen sein kann, zu hinterlegen.

Seit SAP NetWeaver 7.40 können Sie über die ADT in Eclipse Ihre Entwicklungen im Bereich von ABAP OO dokumentieren. Mit der zur Verfügung gestellten Syntax kann zwar kein vergleichbarer Langtext erstellt werden, aber viele andere Vorteile wiegen das aus meiner Sicht wieder auf. Ich bin gespannt, wie Sie am Ende des Abschnitts darüber denken.

4.4.1 Anzeige von ABAP Doc

Bevor es um das eigentliche Implementieren von *ABAP Doc* geht, möchte ich Ihnen zeigen, wo Sie sich das Ergebnis ansehen können.

Für die Anzeige einer in den ADT generierten Dokumentation gibt es zwei Optionen. Für beide müssen Sie den Cursor auf einem Quelltext-Element, z. B. einem Klassen- oder Methodennamen, positionieren.

Dann haben Sie die Wahl:

1. Entweder Sie drücken die Taste [F2], und es öffnet sich direkt an Ihrem Mauszeiger ein meist gelblich hinterlegtes Fenster, welches Ihnen die Dokumentation anzeigt,
2. oder Sie öffnen den ABAP Element Info-View über den bekannten Weg WINDOW • SHOW VIEW • OTHER und suchen dort nach ABAP Element Info.

Beide angezeigten Dokumentationen sind identisch, ein Beispiel für den zweiten Weg finden Sie in Abbildung 4.14. In der täglichen Arbeit ist aber meist die Version mit der Funktionstaste [F2] das Mittel der Wahl.

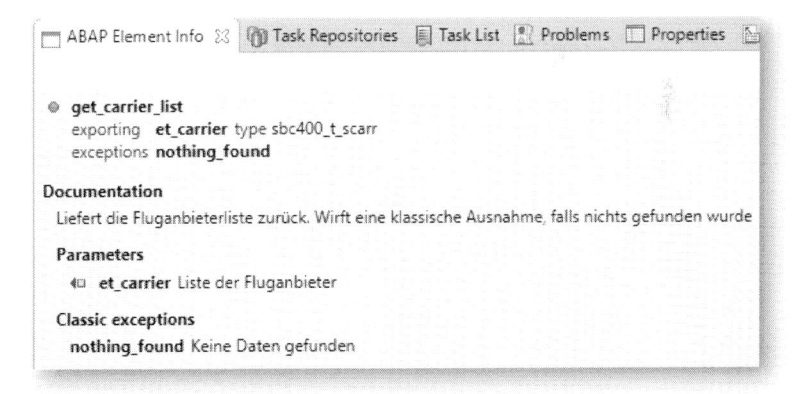

```
ABAP Element Info  Task Repositories  Task List  Problems  Properties

  get_carrier_list
    exporting  et_carrier  type sbc400_t_scarr
    exceptions nothing_found
Documentation
  Liefert die Fluganbieterliste zurück. Wirft eine klassische Ausnahme, falls nichts gefunden wurde
Parameters
    et_carrier  Liste der Fluganbieter
Classic exceptions
    nothing_found  Keine Daten gefunden
```

Abbildung 4.14: ABAP-Element-Info-View

4.4.2 Syntax

ABAP Doc wird als Kommentar in den Quelltext direkt vor einer Deklaration einer Klasse/Methode/Variablen eingefügt. Die reine Syntax beginnt immer mit »"!«, gefolgt vom gewünschten Dokumentations-Text:

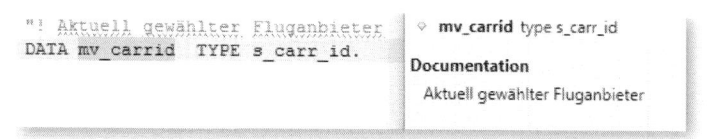

```
"! Aktuell gewählter Fluganbieter
DATA mv_carrid TYPE s_carr_id.
```
mv_carrid type s_carr_id
Documentation
Aktuell gewählter Fluganbieter

Abbildung 4.15: Einzeiliger ABAP-Doc-Kommentar

In Abbildung 4.15 sehen Sie bereits die daraus resultierende Anzeige in Eclipse. Diese erscheint, wenn Sie den Cursor auf einer der Variablen, in diesem Fall `mv_carrid`, positionieren und die Taste F2 drücken. Das gleiche Vorgehen gilt auch für alle anderen Entwicklungsobjekte und Quelltextelemente, für die eine Dokumentation vorhanden ist. Eclipse sorgt auch ohne ABAP Doc dafür, dass wenigstens der Name und der Typ oder bei Methoden die Schnittstelle angezeigt werden.

Da einige Methoden bzw. Klassen durchaus etwas mehr Dokumentation erfordern, können Sie Ihr ABAP Doc auch auf mehrere Zeilen erweitern. Alle Zeilen müssen entsprechend mit »"!« beginnen.

In einem *Kettensatz,* also einer aneinandergereihten Deklaration ohne erneutes Schlüsselwort getrennt durch Kommata, können Sie vor jeder einzelnen Deklarationsanweisung ein ABAP Doc positionieren, nicht aber direkt vor dem Schlüsselwort:

```
DATA:
  "! Aktuell gewählter Fluganbieter
  mv_carrid    TYPE s_carr_id,
  "! Flag, ob Daten geändert wurden
  mf_dirty     TYPE abap_bool.
```

Bei Methoden ist es nützlich, neben der allgemeinen Beschreibung für die einzelnen Parameter zusätzlich einen Hinweis auf den Hintergrund und den Verwendungszweck geben zu können. Dafür wurden weitere Syntax-Elemente implementiert:

Parameter	@parameter <Name> | <Text>
klassenbasierte Ausnahmen	@raising <Name> | <Text>
klassische Ausnahmen	@exception <Name> | <Text>

Tabelle 4.1: Syntax-Elemente zur Dokumentation der Methoden-Schnittstelle

Sie brauchen für die Parameter nicht anzugeben, ob diese Import- oder sonstige Parameter sind. Das erkennt Eclipse automatisch aus der Deklaration und fügt die entsprechenden Symbole in die Dokumentation ein.

Eine vollständige Methoden-Dokumentation mit ABAP Doc könnte also z. B. so aussehen:

```
"! Liefert die Fluganbieterliste zurück.
"! Wirft eine klassische Ausnahme, falls nichts gefunden wurde
"! @parameter et_carrier    | Liste der Fluganbieter
"! @exception nothing_found | Keine Daten gefunden
get_carrier_list
  EXPORTING
    et_carrier TYPE sbc400_t_scarr
  EXCEPTIONS
    nothing_found,
```

Abbildung 4.16: Methoden-Dokumentation mit ABAP Doc

Durch Betätigen von [F2] auf dem Methodennamen im Quelltext wird daraus die in Abbildung 4.17 dargestellte Anzeige generiert.

```
get_carrier_list
    exporting  et_carrier type sbc400_t_scarr
    exceptions nothing_found

Documentation
  Liefert die Fluganbieterliste zurück. Wirft eine klassische Ausnahme,
  falls nichts gefunden wurde

Parameters
    et_carrier Liste der Fluganbieter

Classic exceptions
    nothing_found Keine Daten gefunden
```

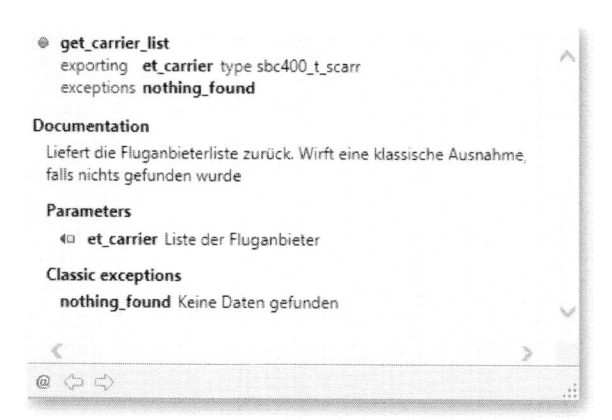

Abbildung 4.17: Aus ABAP Doc generierte F2-Dokumentation

Für umfangreiche Methoden-Deklarationen sind Sie allerdings nicht in der Pflicht, alle notwendigen Parameter, Ausnahmen und sonstigen Bestandteile der Dokumentation per Hand zu berücksichtigen. Dafür wurde ein praktischer Quick Fix implementiert, den Sie auf dem ersten ABAP-Doc-Statement für die Methode über `Strg` + `1` aufrufen können (vgl. Abbildung 4.18).

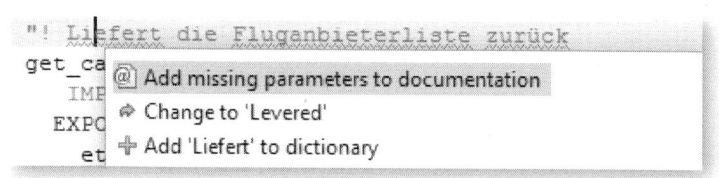

```
"! Liefert die Fluganbieterliste zurück
  get_ca
      IMP    @ Add missing parameters to documentation
      EXPO   ⇨ Change to 'Levered'
        et   ✦ Add 'Liefert' to dictionary
```

Abbildung 4.18: Fehlende Parameter zu ABAP Doc hinzufügen

Alle bisher nicht berücksichtigten Parameter und Ausnahmen werden Ihrer ABAP-Doc-Anweisung hinzugefügt, und Sie haben lediglich die beschreibenden Texte zu hinterlegen.

4.4.3 Format und Prüfung

ABAP Doc erlaubt über die Eingabe von reinem Text hinaus auch die Nutzung einiger HTML-Tags, um sowohl das Hervorheben einzelner Text-Passagen als auch Formatierungen wie Auflistungen und Absätze zu ermöglichen. Die in Tabelle 4.2 aufgeführten HTML-Tags sind vorgesehen:

Zeilenumbruch	` </br>` oder ` `
Textblock	`<p> ... </p>`
hervorgehoben (Kursiv)	`<em> ... </em>`
stark hervorgehoben (fett)	`<strong> ... </strong>`
unsortierte Liste	`<ul><li> ... </li></ul>`
sortierte Liste	`<ol><li> ... </li></ol>`

Überschriften	`<h1> ... </h1>`
	`<h2> ... </h2>`
	`<h3> ... </h3>`

Tabelle 4.2: HTML-Tags zur Formatierung von ABAP Doc

Ein ABAP Doc mit der Anweisung

```
"! Liefert die <em>Fluganbieterliste</em> zurück.
"! Wirft eine klassische <strong> Ausnahme </strong>,
"! falls nichts gefunden wurde
```

liefert das in Abbildung 4.19 gezeigte Ergebnis.

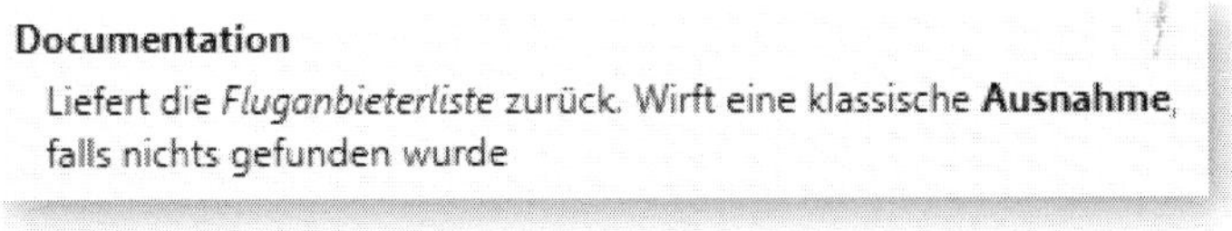

Documentation

Liefert die *Fluganbieterliste* zurück. Wirft eine klassische **Ausnahme**, falls nichts gefunden wurde

Abbildung 4.19: Nutzung von HTML-Tags in ABAP Doc

Auf die einzelnen Tags werde ich nicht weiter eingehen. Falls Ihnen die Bedeutung oder Nutzung nicht klar sind, finden Sie die benötigten Informationen in der HTML-Referenz des World Wide Web Consortiums (W3C): *https://www.w3.org/TR/html/*.

Für die neue Syntax von ABAP Doc wurden zusätzliche Prüfungen implementiert, die den Entwickler direkt auf Fehler hinweisen. Diese Prüfungen warnen ihn, wenn Position, Syntax oder Format nicht den Vorgaben entsprechen. Da es sich bei ABAP Doc allerdings um Kommentare im Quelltext handelt, verhindern diese Prüfungen nicht das Aktivieren des Entwicklungsobjektes.

4.4.4 Abgleich bestehender Dokumentation

Vermutlich werden auch Sie bei Ihren ersten Entwicklungen mit Eclipse bestehende Klassen und Funktionsbausteine bearbeiten. Diese haben natürlich noch keine ABAP-Doc-Kommentare, über die Sie die bestehende Dokumentation anpassen könnten. Allerdings kennen Sie aus der SE24 und SE37 die Beschreibungsfelder, mit denen Sie kurze Erklärungen zu einzelnen Variablen oder Methoden hinterlegen können.

Damit Sie diese nicht neu in ABAP Doc implementieren müssen, gibt es die Funktion Import ABAP Doc from Descriptions, die Sie über das Menü SOURCE CODE (vgl. Abbildung 4.20) in der Menüleiste oder dem Kontextmenü im Quelltext finden.

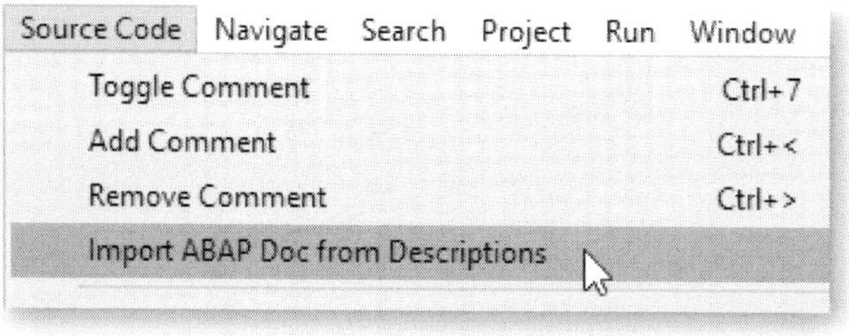

Abbildung 4.20: Importieren bestehender Beschreibungen

Angenommen, Sie haben bisher für zwei Methoden, wie in Abbildung 4.21, Ihre Beschreibungen gepflegt. Dann führt die Import-Funktionalität dazu, dass diese wie zuvor beschrieben direkt oberhalb der jeweiligen Methoden-Deklaration generiert werden (vgl. Abbildung 4.22).

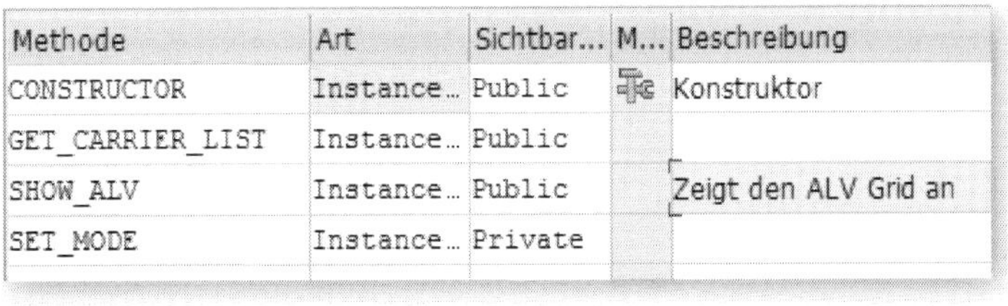

Methode	Art	Sichtbar...	M...	Beschreibung
CONSTRUCTOR	Instance...	Public	🔁	Konstruktor
GET_CARRIER_LIST	Instance...	Public		
SHOW_ALV	Instance...	Public		Zeigt den ALV Grid an
SET_MODE	Instance...	Private		

Abbildung 4.21: Gepflegte Beschreibungen in der SE24

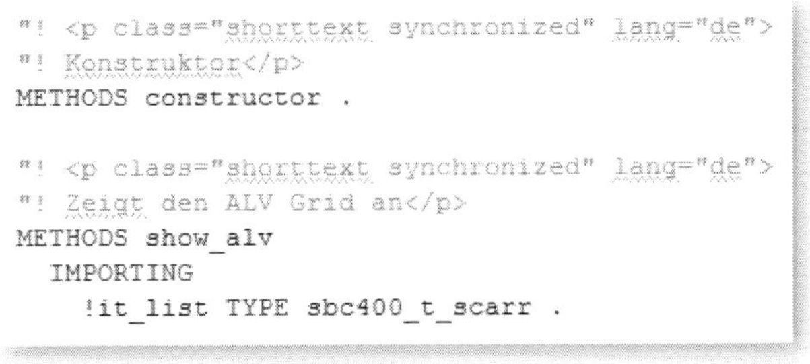

```
"! <p class="shorttext synchronized" lang="de">
"! Konstruktor</p>
METHODS constructor .

"! <p class="shorttext synchronized" lang="de">
"! Zeigt den ALV Grid an</p>
METHODS show_alv
  IMPORTING
    !it_list TYPE sbc400_t_scarr .
```

Abbildung 4.22: Importierte Beschreibungen als ABAP Doc

Sicher fällt Ihnen auf, dass neben dem schon bekannten ABAP Doc eine bisher unbekannte Syntax genutzt wird:

```
<p class="shorttext synchronized" lang="de"> ...</p>
```

Um den Hintergrund zu erklären, möchte ich ein bisschen weiter ausholen.

Ein bis SAP NetWeaver 7.50 bestehendes kleines Manko bei der Entwicklung von Klassen und Funktionsbausteinen mit den ADT ist, dass die aus dem Formular-basierten Editor in der SE24 oder der SE37 bekannten Kurzbeschreibungen in der SAP GUI immer leer angezeigt werden (vgl. Abbildung 4.23).

Ebenso werden dort keine ABAP-Doc-Kurzbeschreibungen angezeigt.

Hilfsmittel und nützliche Funktionen

Klasse/Interface	ZCL_CL_FLIGHT_MONITOR			realisiert /
Eigenschaften	Interfaces	Friends	Attribute	Methoden

Parameter	Ausnahmen	Quelltext		
Methode	Art	Sichtbar...	M...	Beschreibung
CONSTRUCTOR	Instance...	Public		
GET_CARRIER_LIST	Instance...	Public		
SHOW_ALV	Instance...	Public		
SET_MODE	Instance...	Private		

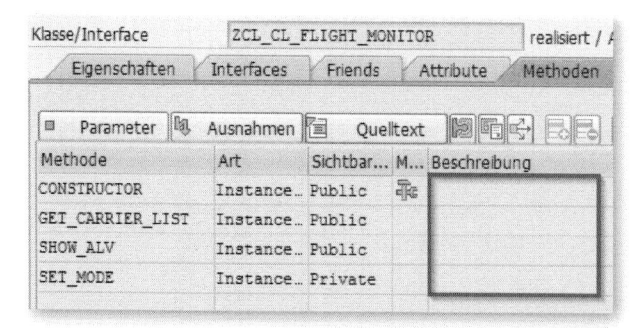

Abbildung 4.23: Leere Beschreibungen bei Objekten aus ADT

Um diesem Problem zu begegnen, wurde die oben genannte neue Syntax eingeführt. Die Anweisung `<p> </p>` kennzeichnet nur einen normalen Absatz und ist nicht das Besondere.

Erst mit dem Zusatz `<p class="shorttext"> </p>` wird der Text zwischen den Tags als Kurztext definiert. Damit unterliegt dieser auch einer Prüfung auf eine bestimmte Zeichenlänge, wie sie auch in der SE24/SE37 abgeprüft wird. Die wichtigste Erweiterung ist allerdings der Zusatz `synchronized` innerhalb der Anführungszeichen. Dieser bewirkt, dass bei einer Änderung des Kurztextes und anschließender Aktivierung der neue Text sowohl in Eclipse als auch in den Editoren für Klassen und Funktionsbausteine der SAP GUI zu sehen ist. Der Abgleich funktioniert in beide Richtungen, also aus beiden Entwicklungsumgebungen heraus.

Aktualisieren der Anzeige

Da der Abgleich der Kurzbeschreibung genau wie eine Änderung des Quelltextes im Hintergrund verarbeitet und aktiviert wird, ist diese Änderung natürlich nicht sofort in einem geöffneten Editor zu sehen.
Bei einer Änderung in der SAP GUI bedarf es entweder einer Aktualisierung im Eclipse-Editor über die Funktionstaste [F5], oder das Entwicklungsobjekt muss geschlossen und erneut geöffnet werden. In der SAP GUI hingehen hilft nur Letzteres; hier gibt es keine Möglichkeit zur direkten Aktualisierung.

Ein weiteres Syntax-Element, das nur bei der Generierung durch importierte Beschreibungen genutzt wird, ist der Zusatz `lang="de"` im `<p>`-Tag. Dieser steht für die Original-Sprache (engl.: Language = „lang") des Entwicklungsobjekts. Es ist nicht möglich, darüber eine andere Sprache zu setzen oder zusätzlich zu pflegen. Bisher ist dieses Syntax-Element rein informativ.

4.4.5 Exportieren als Dokumentation

Eine Dokumentation ist besonders dann von Vorteil, wenn ich sie zentral und für alle einsehbar ablegen kann. Oder möchten Sie jedes Mal zur Deklaration einer Methode oder eines Funktionsbausteins in den Code navigieren, um sich die vorhandene Doku mit den HTML-Tags durchzulesen? Gerade die Entwicklungsdokumentation eines Projekts ist immer wieder Thema und muss bisher aufwendig per Hand durch den Entwickler erstellt werden – wenn sie denn überhaupt angefertigt wird.

Mit den ADT und ABAP Doc kommt eine Funktion dazu, die Ihnen in diesem Zusammenhang erheblich Arbeit abnimmt: Sie haben die Möglichkeit, für einzelne Entwicklungsobjekte wie Klassen oder Funktionsbausteine, aber auch für ein oder mehrere ganze(s) Paket(e) die vorhandenen ABAP Docs zu exportieren.

Hierfür können Sie die Funktion EXPORT • ABAP DOC nutzen.

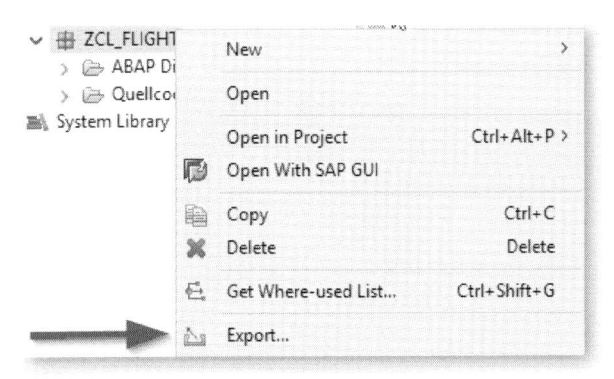

Abbildung 4.24.: Export-Funktion auswählen

Diese finden Sie in verschiedenen Menüs, sowohl über die Menüleiste unter FILE als auch, wie in Abbildung 4.24, über das Kontextmenü auf einem Entwicklungsobjekt, in diesem Fall einem Paket.

> **Auswahl des Entwicklungsobjekts**
>
> Welchen Weg Sie wählen, können Sie direkt am konkreten Bedarf ausrichten. Wenn Sie über das Menü FILE auf die Export-Funktion zugreifen, wird als zu exportierendes Element das aktuell geöffnete Entwicklungsobjekt vorgeschlagen. Nutzen Sie wie im Beispiel das Kontextmenü auf einem Paket, wird direkt das Paket in die Liste der zu exportierenden Elemente aufgenommen (vgl. Abbildung 4.26).

Die Export-Funktion in Eclipse ist nicht speziell für die ADT geschaffen worden, sondern existiert schon seit längerer Zeit. Daher bietet sie verschiedene Objekte zum Export an. An dieser Stelle wählen Sie wie in Abbildung 4.25 das Objekt ABAP DOC aus und klicken auf NEXT.

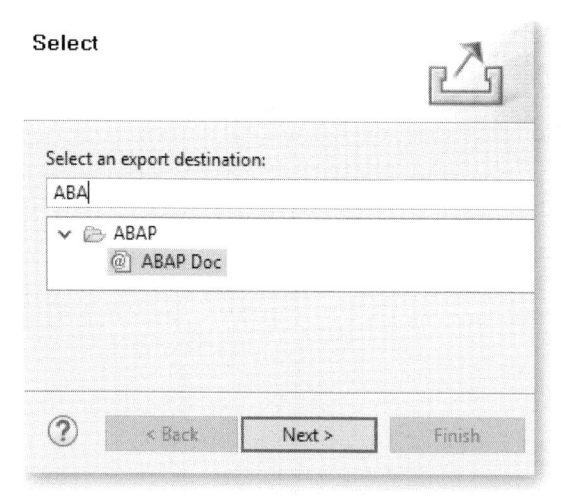

Abbildung 4.25: ABAP Doc zum Export auswählen

Im folgenden Dialog-Bild gibt es einige Einstellungen, über die Sie das Ergebnis des Exports beeinflussen können. Gemäß der Nummerierung in Abbildung 4.26 gehe ich diese Punkte einzeln durch.

Abbildung 4.26: Export-Parameter für ABAP Doc festlegen

❶ Wie schon in anderen Menüs, können Sie hier das Projekt spezifizieren, aus dem das ABAP Doc exportiert werden soll. Sie können nur eine Auswahl treffen.

❷ Dies ist eine Liste der zu berücksichtigenden Entwicklungsobjekte. Über die Drucktasten ADD... und REMOVE lassen sich weitere Objekte hinzufügen oder wieder von der Liste entfernen. Das ermöglicht es, die hinterlegten ABAP Docs gezielt z. B. für einzelne Klassen oder gleich für mehrere Pakete zu exportieren. Wie das Ergebnis dann strukturiert ist, erfahren Sie im weiteren Verlauf dieses Kapitels.

❸ Entsprechend Ihrer Dokumentationsanforderungen, können Sie festlegen, welche Elemente bezogen auf ihre Sichtbarkeit berücksichtigt werden sollen.

❹ Wenn Sie wie in Abbildung 4.26 den Haken setzen, wird bei fehlenden ABAP-Doc-Kommentaren im Hintergrund geprüft, ob für das Element (Methode, Variable, Sonstiges) ein Kurztext über den »alten« Weg hinterlegt wurde. Falls einer gefunden wird, wird dieser mit exportiert.

❺ Zuletzt können Sie den Speicherort der Export-Dateien festlegen.

Durch den Export wird ein Ordner erzeugt, der eine Struktur entsprechend Abbildung 4.27 besitzt.

Name	Änderungsdatum	Typ
abapdoc	22.07.2016 11:08	Dateiordner
htmldesign	22.07.2016 11:08	Dateiordner
readme	22.07.2016 11:08	Textdokument

Abbildung 4.27: Ordner-Inhalte des Export-Ergebnisses

Der Ordner HTMLDESIGN enthält ein *Stylesheet* für die Anzeige der exportierten Dokumentation. Über ein solches können Sie mithilfe von CSS das Layout und die Darstellung der Dokumentation nach Ihren Wünschen anpassen. Es ist ohne Weiteres möglich, das Stylesheet zu ändern und damit z. B. eine den Unternehmens- oder Dokumentations-Richtlinien entsprechende Dokumentation zu generieren.

Im Ordner ABAPDOC finden Sie schließlich die exportierten HTML-Dateien mit Ihrer Dokumentation. Der Inhalt entspricht der hierarchischen Struktur der exportierten Objekte. In meinem Fall gibt es den Unterordner ZCL_FLIGHT für das exportierte Paket. Darin findet sich der Ordner CLASSES für die Objektart »Klasse« und eine Datei für jede exportierte Klasse. In meinem Fall sehen Sie das Ergebnis für die Klasse ZCL_CL_FLIGHT_MONITOR in Abbildung 4.28, welches sich gemäß dem zuvor gewählten Dateityp ».html« im Browser öffnet.

Attribute | Methoden

Klasse ZCL_CL_FLIGHT_MONITOR

public final create public

Dokumentation

Controller Flugmonitor

Attribute

Sichtbarkeit und Ebene	Name	Dokumentation
public instance	mf_dirty type ABAP_BOOL	Flag, ob es Datenänderungen gab
public instance	mt_carrier type SBC400_T_SCARR	Tabelle für alle Fluganbieter
protected instance	mv_carrid type S_CARR_ID	Aktuell gewählter Fluganbieter
private instance	mv_mode type C	

Methoden

Sichtbarkeit und Ebene	Name	Dokumentation
public instance	constructor	Konstruktor
public instance	get_carrier_list exporting et_carrier type SBC400_T_SCARR exceptions nothing_found	Liefert die Fluganbieterliste zurück. Wirft eine klassische Ausnahme, falls nichts gefunden wurde Parameter et_carrier Liste der Fluganbieter Klassische Ausnahmen nothing_found Keine Daten gefunden
public instance	show_alv importing it_list type SBC400_T_SCARR	Zeigt den ALV Grid sehr schön an Diese Methode sorgt für die Anzeige der Ergebnisse im ALV Grid
private instance	set_mode	

Generated on 07/22/2016

Abbildung 4.28: Klassendokumentation aus exportiertem ABAP Doc

4.5 Vorlagen

Wie die ABAP Workbench bietet auch die Eclipse IDE dem Entwickler die Möglichkeit, sich eine häufig vorkommende Quelltext-Komponente als *Vorlage* (engl.: Template) abzuspeichern.

Über Vorlagen können Sie als Entwickler eine Menge Zeit sparen, da Sie wiederkehrende Blöcke durch Vorlagen einfach einfügen und die entsprechenden Variablen komfortabel nachtragen können. Aber der Reihe nach.

Die Verwaltung der Vorlagen geschieht über die *Templates-View* (📋), auch erreichbar über WINDOW • SHOW VIEW und dort entweder (falls angezeigt) direkt über TEMPLATES oder alternativ über OTHER und die anschließende Suche nach Templates.

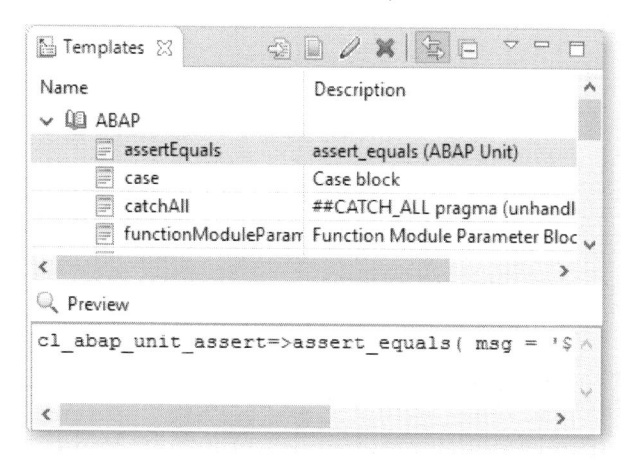

```
📋 Templates ⌧          🔄 📄 ✏ ✖ | 🔁 ▭   ▽ ▬ 🗗
Name                    Description                        ^
v 📘 ABAP
    📄 assertEquals     assert_equals (ABAP Unit)
    📄 case             Case block
    📄 catchAll         ##CATCH_ALL pragma (unhandl
    📄 functionModuleParam Function Module Parameter Bloc v
<                                                        >
🔍 Preview
cl_abap_unit_assert=>assert_equals( msg = '$ ^
                                                         v
<                                                        >
```

Abbildung 4.29: Vorlagen werden in der Templates-View gelistet

Darin finden Sie eine Liste der standardmäßig hinterlegten Vorlagen. Zudem wird Ihnen im unteren Feld PREVIEW direkt der jeweilige Inhalt einer Vorlage angezeigt.

In den folgenden Abschnitten erkläre ich Ihnen, wie Sie mit diesen Vorlagen am einfachsten arbeiten können.

4.5.1 Vorlagen anlegen und ändern

Wie so oft in Eclipse bieten sich Ihnen auch in dieser View zwei grundsätzliche Wege, eine neue Vorlage anzulegen oder zu ändern:

1. Sie verwenden die Funktionstasten zum Anlegen einer neuen (📄) oder zum Ändern (✏) einer zuvor in der Liste markierten Vorlage (vgl. Abbildung 4.30).

2. Sie öffnen über einen Rechtsklick das Kontextmenü in diesem View und wählen dort den Eintrag New... für eine neue oder Edit... für das Ändern einer bestehenden Vorlage.

Abbildung 4.30: Aktionsleiste in der Templates-View

In beiden Fällen öffnet sich ein neues Fenster, in dem Sie die Eigenschaften und Inhalte der Vorlage bearbeiten können, in Abbildung 4.30 am Beispiel der Vorlage `case`.

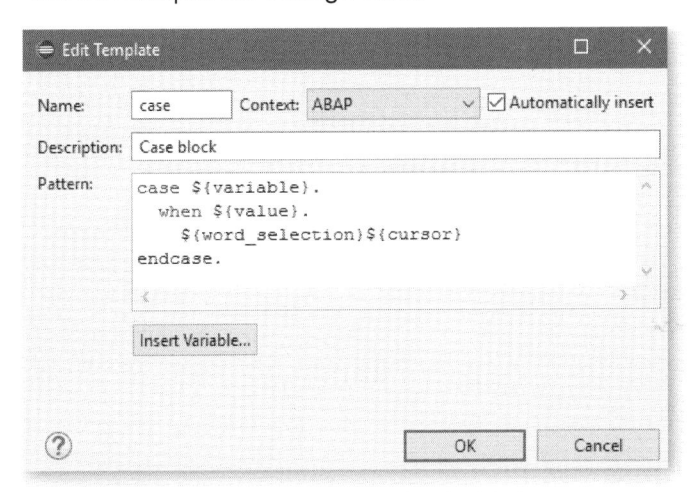

Abbildung 4.31: Vorlagen-Editor für die Vorlage »case«

Wie unschwer zu erkennen ist, erzeugt diese Vorlage eine grundlegende `CASE`-Struktur im Quelltext.

> **Kontext einer Vorlage**
>
> Als KONTEXT ist für diese Vorlage `ABAP` eingetragen. Der Kontext, in dem Sie sich beim Anlegen oder Anzeigen einer Vorlage befinden, wird automatisch durch die ADT ermittelt. Als zweiter möglicher Kontext ist `Web Dynpro ABAP` hinterlegt. Dieser dient der Strukturierung innerhalb der Templates-View, in der Sie sich auch alle Vorlagen zu allen verfügbaren Kontexten ansehen können. Dafür müssen Sie nur die Feststell-Taste in der Templates-View deaktivieren.

In das Textfeld PATTERN können Sie Ihren gewünschten Quelltext für die Vorlage eintragen oder bereits bestehende Vorlagen an Ihre Bedürfnisse anpassen.

Innerhalb der Vorlagen ist es sowohl möglich, durch Variablen dynamische Werte wie z. B. das Tagesdatum mit aufzunehmen, als auch bestimmte Elemente der Vorlage mit »zu überschreiben« zu kennzeichnen. Nach dem Einfügen der Vorlage ist es also notwendig, diese Variablen durch die passenden Werte und Variablennamen aus Ihrem Programm/Ihrer Klasse zu ersetzen. Diese Vorlagen-Variablen erkennen Sie am vorangestellten $, gefolgt von einer Bezeichnung in geschweiften Klammern, z. B. ${variable} (vgl. Abbildung 4.31).

Hinter der Funktionstaste INSERT VARIABLE liegt eine Liste vordefinierter Variablen, die beim Einfügen der Vorlage direkt mit bestimmten Aktionen verknüpft sind. Darunter ist z. B. das genannte Tagesdatum oder auch die Cursor-Position, von der aus nach dem Einfügen weitergeschrieben werden kann, wie in Abbildung 4.31 ${cursor}.

Darüber hinaus können Sie aber auch eigene Variablen mit beliebigen Namen in Ihre Vorlage einbauen. Deren Namen sollten entsprechend suggerieren, wodurch sie zur Nutzungszeit der Vorlage tatsächlich ersetzt werden sollen, wie ${variable} und ${value}.

Um sich klar zu machen, wie sich eine Vorlage nach dem Einfügen verhält, ist es sinnvoll, genau das einmal auszuprobieren. Wie das am besten geht, zeige ich Ihnen in Abschnitt 4.5.2.

4.5.2 Vorlagen einfügen

Das Einfügen einer Vorlage gelingt ebenfalls über mehrere Wege. Für alle gilt, dass Sie den Cursor an die gewünschte Stelle im Quelltext setzen und dann eine der folgenden Möglichkeiten nutzen:

1. Sie wählen im Templates-View die passende Vorlage aus und drücken die Taste INSERT INTO EDITOR.

2. Sie öffnen auf der gewünschten Vorlage das Kontextmenü über einen Rechtsklick und wählen die Aktion `Insert...`

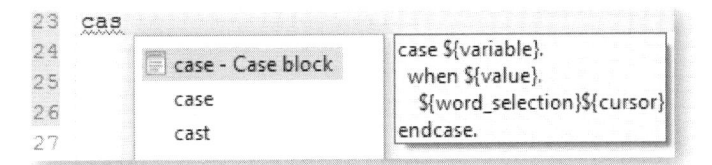

3. Sie bleiben im Quelltext-Editor und tippen die ersten Buchstaben des Vorlagennamens. Dann aktivieren Sie über ⌈Strg⌉ + ⌈ ⌉ die Auto-Vervollständigung, denn auch die Vorlagen werden darüber gesucht und bei Auswahl in den Quelltext eingefügt (siehe Abbildung 4.32).

Abbildung 4.32: Vorlage über Auto-Vervollständigung einfügen

An dem Symbol vor `case` erkennen Sie direkt, dass es sich um eine Vorlage und nicht um das Schlüsselwort handelt.

Die dritte Möglichkeit ist bei der täglichen Arbeit wohl diejenige, die sich am besten mit dem Programmierfluss verbinden lässt. Daher ist es wichtig, den Vorlagen sprechende Namen zu geben und sich ein nützliches Repertoire anzulegen und einzuprägen.

4.6 Navigation

Ein gerade für gestandene ABAP-Entwickler wirklich gewöhnungsbedürftiges Thema ist die Navigation in den ADT. Während einige der dafür vorhandenen Funktionen und Elemente verwandt mit denen der ABAP Workbench sind, unterscheiden sich andere hingegen sehr stark. Daher möchte ich Ihnen gern die gängigsten Navigationsoptionen einzeln vorstellen und sie direkt mit den bekannten Möglichkeiten der Workbench vergleichen. Dadurch können Sie sich leichter ein Bild davon machen, was für Sie intuitiv ist und keines zweiten Blickes bedarf und bei welcher Funktion Sie sich vielleicht doch einen kleinen Hinweis-Zettel auf den Bildschirm kleben, um sich daran zu gewöhnen.

4.6.1 Project Explorer

Mit der View *Project Explorer* sind Sie mittlerweile schon mehrfach in Berührung gekommen. Für sich genommen ist sie nichts anderes als die Anzeige der im jeweiligen ABAP-System vorhandenen Entwicklungsobjekte in einer Baumstruktur, die nach Paketen aufgeschlüsselt ist. Damit entspricht sie zumindest vom Prinzip her dem aus der ABAP Workbench bekannten *Repository Browser*, in dem Sie Ihr Entwicklungsobjekt direkt suchen oder sich ebenfalls durch die Paketstruktur hangeln konnten. Aktuell sieht mein Project Explorer aus wie in Abbildung 4.33.

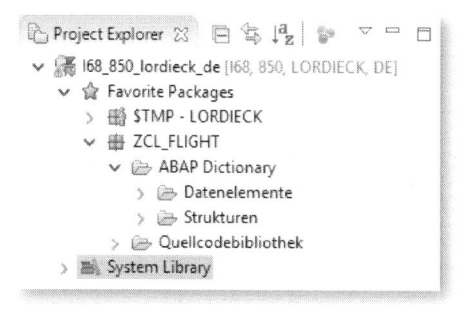

Abbildung 4.33: Project-Explorer-Ansicht

Sie finden unter Ihrem ABAP-Projekt, das Ihren Systemzugang repräsentiert, immer die Knoten FAVORITE PACKAGES mit den von Ihnen spezifizierten Paketen und SYSTEM LIBRARY. Letzterer enthält alle im System vorhandenen Pakete und damit alle zur Verfügung stehenden Entwicklungsobjekte.

Außer der reinen Baumdarstellung bietet der Project Explorer eine nützliche Funktion, die sich hinter dem Zeichen mit der Bezeichnung LINK WITH EDITOR verbirgt. Dies ist eine *Feststelltaste:* Sie bleibt also bei Aktivierung gedrückt, bis sie wieder deaktiviert wird. Sie bewirkt eine Synchronisation zwischen den geöffneten Tabs Ihres Editors und dem aktuell im Baum gewählten Entwicklungsobjekt.

> **Automatische Navigation im Objektbaum**
>
> **zB** Sie haben drei Editor-Tabs geöffnet – eine Klasse, ein Programm und eine Strukturdefinition. Wenn Sie zwischen den drei Tabs wechseln, passiert vorerst nichts im Project Explorer. Jetzt aktivieren Sie die Taste ⇆ und wechseln abermals zwischen den drei geöffneten Editoren. Bei jedem Wechsel sucht der Project Explorer sofort den dazugehörigen Eintrag im Objektbaum und fokussiert diesen. Damit sehen Sie direkt, welchem Paket das gerade geöffnete Objekt zugeordnet ist und welche anderen Objekte es dort noch gibt.

In der ABAP Workbench gibt es die ähnliche Funktion OBJEKTLISTE ANZEIGEN, die Sie über das Symbol 🗂 erreichen. Diese müssen Sie aber jedes Mal manuell auslösen und erhalten daraufhin das aktuelle Entwicklungsobjekt als Wurzelknoten mit den hierarchisch darunter eingeordneten Elementen angezeigt.

4.6.2 Outline

Im Gegensatz zum Project Explorer, der sich mit der gesamten Hierarchie verfügbarer Entwicklungsobjekte der angelegten ABAP-Projekte befasst, ist die View *Outline* immer auf das aktuell geöffnete Entwicklungsobjekt fokussiert.

Wenn Sie beispielsweise eine Klasse geöffnet haben, zeigt die View Outline alle darin definierten Komponenten an (vgl. Abbildung 4.34). Über die verschiedenen Farben der Symbole wird gleichzeitig die Sichtbarkeit spezifiziert, wie Sie es aus der ABAP Workbench gewohnt sind.

Hilfsmittel und nützliche Funktionen

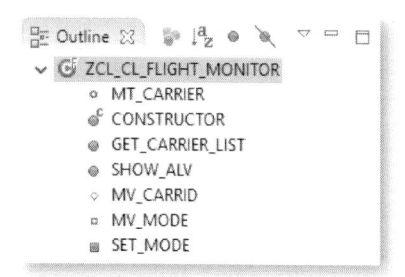

```
Outline
v ZCL_CL_FLIGHT_MONITOR
    o MT_CARRIER
    ♂ CONSTRUCTOR
    ● GET_CARRIER_LIST
    ● SHOW_ALV
    ◇ MV_CARRID
    □ MV_MODE
    ■ SET_MODE
```

Abbildung 4.34: Outline-View zeigt die Klassen-Komponenten

Im Unterschied zur ABAP Workbench werden die Komponenten aber nicht weiter untergliedert, sondern nur nach Typ und Sichtbarkeit sortiert aufgelistet.

Für verschiedene Entwicklungsobjekte zeigt die View die darin relevanten Objekte an und entspricht damit weitgehend der Untergliederung, die Sie auch im Project Explorer finden, wenn Sie dort den Knoten eines Objekts weiter aufklappen.

Jedoch gibt es auch in dieser View wie schon im Project Explorer die Möglichkeit, über den Button LINK WITH EDITOR den aktuellen Editor mit der View zu synchronisieren (siehe Abbildung 4.35).

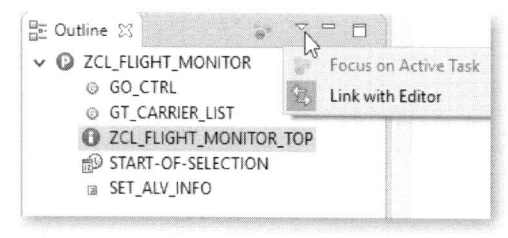

```
Outline
v ⓟ ZCL_FLIGHT_MONITOR        Focus on Active Task
    ● GO_CTRL                  Link with Editor
    ● GT_CARRIER_LIST
    ⓘ ZCL_FLIGHT_MONITOR_TOP
    ▦ START-OF-SELECTION
    ▣ SET_ALV_INFO
```

Abbildung 4.35: Outline mit Editor synchronisieren

Dadurch wird bei einem Wechsel im Quelltext gleich das aktuelle Objekt (hier `ZCL_FLIGHT_MONITOR_TOP`) in der View markiert. Ebenso reicht ein einfaches Auswählen eines Eintrags in der OUTLINE-View, um zur entsprechenden Komponente im Quelltext zu springen.

> **Link zur Methodenimplementierung**
>
> Haben Sie die Synchronisierung aktiviert, springt der Editor beim Klick auf eine Methode einer Klasse zum Implementierungs- statt zum Deklarations-Teil. Zur Deklaration gelangen Sie dann, indem Sie den Methodennamen im Quelltext oder der View anwählen, über einen Rechtsklick das Kontextmenü öffnen und den Eintrag `Open Deklaration` auswählen. Das dazugehörige Tastaturkürzel ist ⇧ + F3 .

4.6.3 Vorwärtsnavigation und Markierung

Die wohl größte Umstellung werden Sie womöglich in diesem kleinen Detail feststellen. Eigentlich kaum eine eigene Überschrift wert, ist der Unterschied in der Vorwärtsnavigation zwischen Eclipse und der SAP GUI doch so groß, dass er separat sichtbar sein sollte.

Sie kennen es vielleicht selbst: Sie rufen ein Programm in der ABAP Workbench auf und navigieren sich munter über einen Doppelklick oder F2 durch die verschiedenen getätigten Methodenaufrufe in Funktionsbausteine und Klassendefinitionen. Haben Sie Ihre gewünschte Information gefunden, gehen Sie mithilfe von F3 zurück, um sich den nächsten Aufruf anzusehen.

Die SAP GUI hat in Bezug auf Kurzwahl-Befehle ihr ganz eigenes Verhalten. Viele Tastenkombinationen und die damit verbundenen Funktionen hängen von der Transaktion ab, in der Sie sich gerade befinden. Eclipse und die ADT stellen eigene, in sich konsistent bleibende Befehle bereit, die sich aber an vielen Stellen in ihrer Funktion von denen der SAP GUI unterscheiden.

Ein Doppelklick führt in den ADT nicht zur gewohnten Vorwärtsnavigation zum angeklickten Objekt, sondern markiert stattdessen das gesamte Wort, über das der Doppelklick ausgeführt wurde. Damit verhält sich der Doppelklick hier wie z. B. im Betriebssystem Windows und nicht wie in der SAP GUI.

Als Tastenkombination für die Vorwärtsnavigation nutzt Eclipse schon seit langer Zeit die Taste `F3` – beinahe paradox, gelangen Sie doch in der SAP GUI über `F3` üblicherweise zurück statt eine Ebene weiter. Dass sich in dieser Umstellung eine Stolperfalle versteckt, brauche ich Ihnen vermutlich nicht explizit zu sagen. Auch nach langer Zeit der Entwicklung in Eclipse und der ABAP Workbench passiert es mir ständig, dass ich über `F3` (in der SAP GUI) navigieren will und mich plötzlich im Einstiegsmenü wiederfinde. Dennoch möchte ich Ihnen Mut zusprechen: Richten Sie sich einfach mental auf diese Unschärfe in der Tastenbelegung ein – sie geht nicht auf die SAP zurück, sondern ist historisch entstanden und richtet sich nach den jeweiligen Standards der Anwendungen.

> **Vorwärtsnavigation bei Methoden**
>
> Mit `F3` gelangen Sie über den Methodennamen direkt in die Implementierung. Wenn Sie stattdessen zur Deklaration navigieren wollen, können Sie `⇧` + `F3` drücken.

Zurück gelangen Sie in Eclipse über die gelben Pfeile in der Aktionsleiste: ⇐ ⇔ ▼ ⇒. Von links nach rechts betrachtet, erfüllen diese drei Pfeile die folgenden Funktionen:

- ▶ zurück zum letzten geänderten Entwicklungsobjekt springen und den Cursor an die bearbeitete Stelle setzen (Tastenkombination `Strg` + `Q`),
- ▶ genau einen Navigations-Schritt zurückgehen (Tastenkombination `Alt` + `←`),
- ▶ genau einen Navigations-Schritt vorwärtsgehen (Tastenkombination `Alt` + `→`).

4.6.4 Entwicklungsobjekte suchen

Auf der Suche nach bestimmten Objekten, seien es nun Transaktionen, Nachrichtenklassen, Pakete oder Programme, haben Sie sich bisher durch die halbe Transaktionslandschaft der SAP geforscht. Für verschiedene Objekte müssen Sie jeweils in einer eigenen Transaktion nachsehen, um an die benötigten Informationen zu gelangen.

In Eclipse haben Sie jederzeit die Möglichkeit, auf einen zentralen Suchmechanismus zuzugreifen, der Ihnen die Recherche nach dem richtigen Namen des Objektes (den Sie nur noch zur Hälfte im Kopf haben) und das Einsehen der Objektinformationen stark erleichtert.

Um das entsprechende Suchfenster zu öffnen, drücken Sie die Tastenkombination [Strg] + [⇧] + [A] oder die Funktionstaste ▣ für OPEN ABAP DEVELOPMENT OBJECT in der Aktionsleiste von Eclipse.

Es erscheint ein Pop-up, in dessen Suchzeile Sie den bekannten Teil des Namens eintragen können. Wie aus SAP gewohnt, funktioniert auch hier die Nutzung von Platzhalterzeichen, üblicherweise bekannt unter dem Namen *Wildcard*. Ein großer Vorteil dieser Suchfunktion ist, dass sie über alle verfügbaren Entwicklungsobjekte sucht und damit Objekte aller möglichen Typen anzeigen kann (siehe Abbildung 4.36).

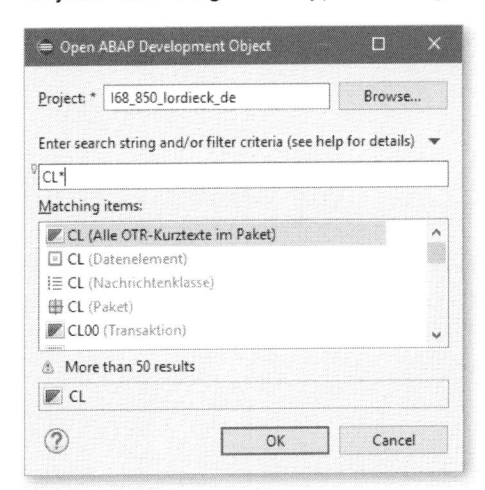

Abbildung 4.36: Entwicklungsobjekte komfortabel suchen

Anschließend können Sie das gewünschte Objekt auswählen und bestätigen. Es wird dann im entsprechenden hinterlegten Editor oder in einer integrierten SAP GUI geöffnet.

> **Richtiges Projekt auswählen**
>
> Wenn Sie gleichzeitig auf unterschiedlichen Systemen entwickeln und daher verschiedene ABAP-Projekte geöffnet haben, achten Sie auf den richtigen Projektnamen im Suchfenster. Ansonsten werden Sie ggf. nicht fündig, obwohl Sie sicher sind, für das gewünschte Objekt den richtigen Namen eingegeben zu haben.

> **Laufzeit bei erstem Aufruf der Suche**
>
> Die Suche der Entwicklungsobjekte greift auf einen Index zu, den Eclipse erstellt, sobald sie das erste Mal ausgeführt wird. Es kann daher sein, dass Ihre erste Suchanfrage einige Sekunden in Anspruch nimmt. Bei allen nachfolgenden Suchanfragen sollten Sie jedoch deutlich schneller mit einem Ergebnis belohnt werden. Der Aufbau des Index wird immer dann durchgeführt, wenn die Eclipse IDE neu gestartet wurde.

4.6.5 Objekte oder Transaktionen direkt aufrufen

Über die in Abschnitt 4.6.4 beschriebene Suchfunktion gelangen Sie immer in die technischen Eigenschaften des gewünschten Objekts. Haben Sie darüber z. B. eine Transaktion aufgerufen, wird Ihnen die Detailansicht aus der SE93 angezeigt.

Es kommt aber auch häufig vor, dass Sie eine Transaktion, ein Programm oder ein sonstiges Entwicklungsobjekt einfach ausführen wollen, ohne zuvor in die Eigenschaften zu verzweigen.

Dafür wurde den ADT eine eigene Funktion mitgegeben, die Sie über die Tastenkombination [Alt] + [F8] oder die Funktionstaste 🔧 RUN ABAP DEVELOPMENT OBJECT AS ABAP APPLICATION IN SAP GUI aufrufen können. Es öffnet sich ein dem Suchfenster ähnlicher Dialog. Hier können Sie durch Eingabe des Namens nach dem auszuführenden Objekt suchen und dabei wiederum Platzhalterzeichen verwenden (vgl. Abbildung 4.37).

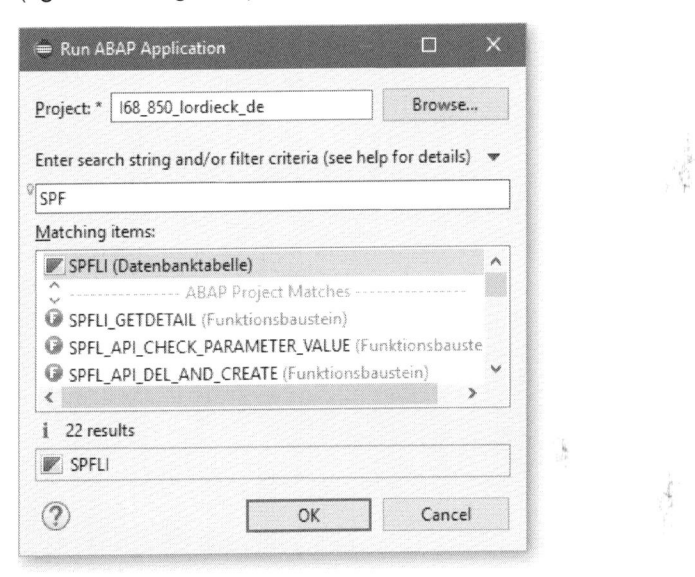

Abbildung 4.37: Entwicklungsobjekt suchen und ausführen

Wieder lassen sich Objekte verschiedenen Typs suchen und ausführen. Während Transaktionen erwartungsgemäß in einer integrierten SAP GUI geöffnet werden, führt z. B. das Ausführen der Tabelle SPFLI aus der Suche in Abbildung 4.37 dazu, dass deren Inhalt angezeigt wird.

HILFSMITTEL UND NÜTZLICHE FUNKTIONEN

> **Automatische Wahl des Ausführungsmodus**
>
> Mit den ADT werden für die unterschiedlichen Typen der Entwicklungsobjekte auch entsprechende Modi hinterlegt, in denen diese mittels vorhandener ADT-Editoren in Eclipse zu öffnen sind. Alle Objekte ohne Modus-Zuordnung werden in einer integrierten SAP GUI geöffnet. Mit zukünftigen Versionen der ADT kommen weitere Editoren für Eclipse hinzu, sodass sich die Darstellung dann durchaus unterscheiden kann.

4.6.6 Daten-Vorschau für Datenbank-Tabellen

Wenn Sie über die in Abschnitt 4.6.4 beschriebene Funktion eine Datenbank-Tabelle wie z. B. SPFLI öffnen, gelangen Sie nicht in die DDIC-Definition der Tabelle, sondern direkt auf die sogenannte *Daten-Vorschau* (engl.: DATA PREVIEW). Diese erreichen Sie auch über das Kontextmenü im Project Explorer auf dem Eintrag für die Datenbank-Tabelle (siehe Abbildung 4.38).

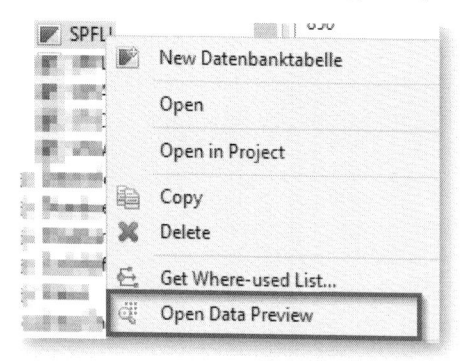

Abbildung 4.38: Data Preview im Kontextmenü des Datenbank-Objekts

Über diese Option lassen sich die Datenbank-Inhalte direkt anzeigen und über `SE16N`-ähnliche Möglichkeiten die Ansicht anpassen. Beispielhaft kann diese Vorschau wie in Abbildung 4.39 aussehen.

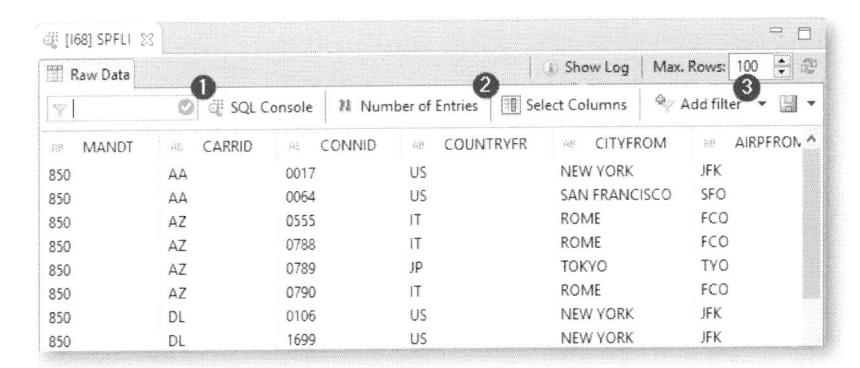

	[168] SPFLI							
Raw Data		❶		❷	Show Log	Max. Rows: 100	❸	
▽		⊘	SQL Console	Number of Entries	Select Columns	Add filter		
	MANDT	CARRID	CONNID	COUNTRYFR	CITYFROM		AIRPFRON	
850		AA	0017	US	NEW YORK		JFK	
850		AA	0064	US	SAN FRANCISCO		SFO	
850		AZ	0555	IT	ROME		FCO	
850		AZ	0788	IT	ROME		FCO	
850		AZ	0789	JP	TOKYO		TYO	
850		AZ	0790	IT	ROME		FCO	
850		DL	0106	US	NEW YORK		JFK	
850		DL	1699	US	NEW YORK		JFK	

Abbildung 4.39: Daten-Vorschau zur Tabelle SPFLI

Sie finden in der Aktionsleiste verschiedene Funktionen, die ich Ihnen jetzt den Zahlen entsprechend kurz vorstellen möchte:

❶ Die SQL-KONSOLE (engl.: SQL Console) ermöglicht es Ihnen, anhand der Selektionsbedingungen Einfluss auf die angezeigten Daten zu nehmen. Für Entwickler ist dies ein sehr mächtiges Werkzeug, da in der SQL-Konsole über direkte SQL-Befehle gearbeitet werden kann (siehe Abbildung 4.40). Dort können Sie auch die SELECT-Anweisung um eigene WHERE-Bedingungen erweitern und die Ergebnismenge somit direkt, ohne manuelle Filter, Ihrem Bedarf gemäß anpassen.

❷ Über NUMBER OF ENTRIES wird Ihnen in einem Pop-up die Anzahl gefundener und angezeigter Datensätze entsprechend Ihrer Selektion mitgeteilt. Welche Spalten dargestellt werden sollen, können Sie über die Funktionstaste SELECT COLUMNS festlegen.

❸ ADD FILTER ermöglicht Ihnen, spaltenspezifisch auf bestimmte Werte zu filtern. Über das Menü zum Speichern bzw. Exportieren mit dem Symbol ▣ können Sie sich die angezeigten Daten in einer Datei persistieren und abspeichern. In der Leiste darüber finden Sie Möglichkeiten zur Aktualisierung (▨) und Einschränkung (MAX ROWS) der angezeigten Trefferzahl, wie Sie es aus der SE16N gewohnt sind. Die Funktionstaste SHOW LOG (deutsch: Log anzeigen) listet Ihnen die in diesem Fenster der Daten-Vorschau bisher vorgenommenen Selektionen auf.

HILFSMITTEL UND NÜTZLICHE FUNKTIONEN

```
[I68] SPFLI    [I68] SQL Console
 Check   Run ▼  Max. Rows: 100
 1  SELECT
 2      SPFLI~MANDT, SPFLI~CARRI
 3      SPFLI~CONNID, SPFLI~COUN'
 4      SPFLI~CITYFROM, SPFLI~AI!
 5      SPFLI~COUNTRYTO, SPFLI~C:
 6      SPFLI~AIRPTO, SPFLI~FLTI!
 7      SPFLI~DEPTIME, SPFLI~ARR'
 8      SPFLI~DISTID, SPFLI~FLTY!
 9      SPFLI~PERIOD
10  FROM
11      SPFLI
```

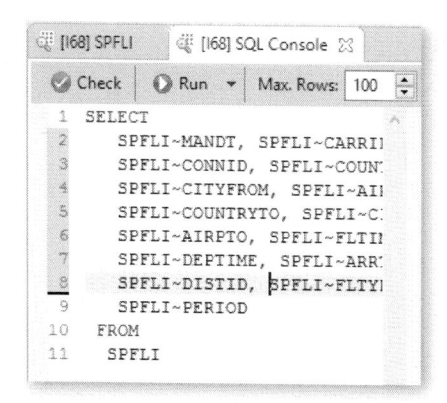

Abbildung 4.40: SQL-Konsole ermöglicht eine angepasste Daten-Vorschau

Eine Besonderheit der SQL-Konsole ist das Menü, das Sie über den Pfeil neben der Funktionstaste RUN finden (siehe Abbildung 4.40). Dort können Sie u. a. ausgeführte SQL-Abfragen als Favoriten speichern und diese jederzeit schnell und bequem erneut aufrufen (vgl. Abbildung 4.41). Darüber lassen sich dann nicht nur bestimmte Selektionskriterien speichern, sondern auch z. B. Anzeigevarianten für die darzustellenden Spalten hinterlegen.

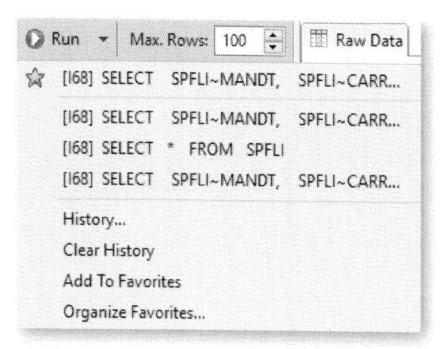

```
 Run ▼  Max. Rows: 100     Raw Data
 ☆ [I68] SELECT  SPFLI~MANDT,  SPFLI~CARR...
   [I68] SELECT  SPFLI~MANDT,  SPFLI~CARR...
   [I68] SELECT  *  FROM  SPFLI
   [I68] SELECT  SPFLI~MANDT,  SPFLI~CARR...
   History...
   Clear History
   Add To Favorites
   Organize Favorites...
```

Abbildung 4.41: Run-Menü bietet eine Favoriten-Funktion

Standardmäßig zeigt die SQL-Konsole die SQL-Abfrage an, für die die Tabelle aufgerufen wurde. Es ist darüber hinaus aber auch möglich, hier komplexe Join-Bedingungen einzutragen und sich die Ergebnismenge anzeigen zu lassen. In Abbildung 4.42 sehen Sie z. B.

einen Join über die Tabellen SPFLI und SFLIGHT mit von mir spezifizierten Ergebnisspalten.

```
 1  SELECT
 2      SPFLI~CARRID,    SPFLI~CONNID,
 3      SFLIGHT~seatsocc, SFLIGHT~seatsmax,
 4      SPFLI~COUNTRYFR,  SPFLI~AIRPFROM,
 5      SPFLI~COUNTRYTO,  SPFLI~AIRPTO,
 6      SPFLI~FLTIME,     SPFLI~DEPTIME,
 7      SPFLI~ARRTIME
 8  FROM
 9      SPFLI
10  INNER JOIN SFLIGHT
11  ON sflight~carrid = spfli~carrid
12  AND sflight~connid = spfli~connid
```

Abbildung 4.42: Tabellen-Join in der SQL-Konsole

Die Konsole ermöglicht Ihnen einen einfachen Test, ob Ihr gedanklich formulierter SQL-Befehl funktioniert und wie die Ergebnismenge aussehen muss, damit Sie mit ihr am besten weiterarbeiten können.

4.7 Funktionen im Kontextmenü

Im Quelltext-Editor haben Sie ein sehr umfangreiches Kontextmenü, das Sie per Rechtsklick öffnen können. Da einige Funktionen selbsterklärend sind und Sie im Laufe der Zeit Ihre eigene Präferenz entwickeln werden, welche davon Sie nutzen und welche nicht, möchte ich nur auf einige wenige eingehen. Diese sind aus meiner Sicht besonders nützlich oder in Untermenüs versteckt, sodass Sie darüber nicht zwangsläufig stolpern, wenn Sie nicht gezielt danach suchen.

4.7.1 Paketzuordnung ändern

Direkt im Kontextmenü finden Sie die Option CHANGE PACKAGE ASSIGNMENT (deutsch: Paketzuordnung ändern), die Sie tatsächlich in keinem der Punkte der Menüleiste wiederfinden. Über diesen Eintrag können Sie bequem und schnell wie in der ABAP Workbench das aktuelle Entwicklungsobjekt einem anderen Paket zuordnen.

4.7.2 Entwicklungsobjekt freigeben

Eine weitere direkt auffindbare Option ist UNLOCK. Sie entspricht dem Verlassen des Bearbeitungsmodus in der ABAP Workbench und gibt die Sperre auf das aktuell zur Bearbeitung geöffnete Entwicklungsobjekt frei.

> **Sperren werden automatisch gesetzt.**
>
> Für ein Entwicklungsobjekt brauchen Sie nicht explizit eine Sperre zu setzen. Sobald Sie ein geöffnetes Objekt editieren, wird im Hintergrund geprüft, ob eine Sperre besteht. Falls nicht, wird diese automatisch gesetzt – Ihr Wechsel in den Bearbeitungsmodus kann erfolgen, und Ihre Aktion, mit der Sie die Sperrung ausgelöst haben, wird durchgeführt. Andernfalls bekommen Sie eine Fehlermeldung.

Diese Funktion ist dann nützlich, wenn Sie ein Objekt freigeben möchten, ohne es zuvor zu aktivieren, um z. B. später an Ihrem aktuellen Stand weiterzuarbeiten, ohne einen gleichzeitig laufenden Test zu beeinflussen. Mit der Aktivierung wird die Sperre automatisch freigegeben.

4.7.3 Textelemente pflegen

Da einige zum Objekt gehörigen Text-Elemente bisher nicht vollständig in die ADT integriert sind, gibt es im Kontextmenü immerhin die Möglichkeit, in deren Ablageort in der SAP GUI abzuspringen. Dazu können Sie im Kontextmenü den Eintrag OPEN OTHERS • TEXT ELEMENTS öffnen. Dadurch werden, wie schon bekannt, eine SAP-GUI-Session geöffnet und die Textelemente angezeigt.

Wenn Sie bereits Texte als Textelemente über die nachgestellte Anweisung (001) (vgl. Abbildung 4.43) im Quelltext vorgesehen haben, können Sie für diese ganz bequem über die Quick-Assist-Funktion `Strg` + `1` den Eintrag im Textelemente-Pool erstellen lassen.

```
lv_message = 'Dies ist eine Nachricht'(001).
                    Text 001 in Textpool anlegen
```

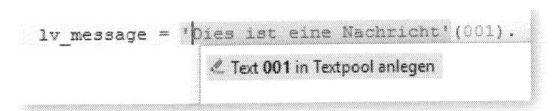

Abbildung 4.43: Textelement über Quick Assist anlegen

Mit der Auswahl öffnet sich ein Fenster, in dem Sie die Eigenschaften des Textelements festlegen können (siehe Abbildung 4.44). Diese entsprechen den in der SAP GUI vorhandenen Parametern und werden nicht näher erläutert.

Sobald Sie das Textelement angelegt haben, steht Ihnen auf Ihrem Literal eine zusätzliche Quick-Assist-Funktion zur Verfügung, über die Sie den Text durch den Verweis auf das Textelement als `text-001` ersetzen können.

Abbildung 4.44: Eigenschaften des Textelements festlegen

4.7.4 Ungenutzte Variablen löschen

Stellen Sie sich vor, Sie haben soeben einen umfangreichen Report implementiert und dabei eine große Menge Variablen genutzt und später wieder geändert. Dabei ist, wie so oft, ein gewisser »Überrest« ungenutzter Variablen entstanden, der mangels Hervorhebung in der SAP im Quelltext verweilt, statt bereinigt zu werden. Die in Eclipse schon lange vorhandene und auch für die ADT nutzbare Funktion *Delete unused variables* schafft hier Abhilfe und entfernt ebenjene Variablen, die historisch begründet überlebt haben, ohne überhaupt noch verwendet zu werden. Sie finden diese im Untermenü SOURCE CODE, in das Sie auch über die Menüleiste navigieren können.

Es gibt für diese Funktion zwei Varianten, mit denen Sie einmal im gesamten Entwicklungsobjekt [Alt] + [U] oder nur die per Markierung festgelegte aktuelle Auswahl [Alt] + [⇧] + [U] ungenutzter Variablen löschen können.

4.7.5 In Methode extrahieren

Ebenfalls im Untermenü SOURCE CODE befindet sich der Eintrag EXTRACT METHOD... [Alt] + [⇧] + [M]. Damit können Sie einen markierten Ausschnitt Ihres Quelltextes direkt in eine neue Methode auslagern. Sobald Sie die gewünschten Zeilen markiert und die Extraktions-Funktion ausgewählt haben, öffnet sich der Assistent zum Anlegen von Methoden und bietet Ihnen eine aus dem Quelltext generierte Methodendefinition an, die Sie nach Ihren Vorstellungen gestalten können. Der zuvor markierte Quelltext wird dann direkt durch den Aufruf der generierten Methode ersetzt und in die Methodenimplementierung verschoben.

Diese Funktion steht Ihnen nur innerhalb einer Klasse, genauer gesagt nur in einer bestehenden Methodenimplementierung zur Verfügung.

4.8 Versions-Historie

In der ABAP-Entwicklung wird für Entwicklungsobjekte immer dann eine neue Version angelegt, wenn Änderungen das erste Mal auf einen neuen Transportauftrag geschrieben werden. Im Laufe der Zeit ergibt sich daraus eine Historie, über die Sie sich die verschiedenen Implementierungen der Vergangenheit ansehen und bei Bedarf sogar wiederherstellen können.

Bei kritischen Entwicklungen ist es außerdem durchaus üblich, zwischenzeitlich selbst neue Versionen des Objekts zu erstellen, um eine realisierte Entwicklung abzusichern und jederzeit zu diesem Zeitpunkt zurückwechseln zu können.

Auf diese Versionen haben Sie auch aus Eclipse heraus Zugriff und können diese komfortabel sowohl mit der aktuellen als auch der inaktiven Version vergleichen. Darüber hinaus bietet Eclipse eine lokale Überarbeitungshistorie, die um einiges granularer und lokal auf dem Client des Entwicklers angelegt wird. Nachfolgend möchte Ich Ihnen beide Versions-Verwaltungen vorstellen und erläutern, wie Sie diese für sich nutzen können. Im Zusammenhang mit der Überarbeitungshistorie zeige ich Ihnen ferner, wie der Quelltextvergleich aufgebaut ist, und gehe in Abschnitt 4.8.2 nur noch auf die Besonderheiten der lokalen Überarbeitungshistorie ein.

4.8.1 Überarbeitungshistorie

Die erste Berührung mit der *Überarbeitungshistorie* (engl.: Revision History) werden Sie im Kontextmenü Ihres Quelltextes haben. Öffnen Sie eines Ihrer Programme im Quelltext-Editor. Über einen Rechtsklick können Sie in der unteren Hälfte des Menüs den Eintrag Show Active Version auswählen. Dieser ist natürlich nur dann verfügbar, wenn es überhaupt eine aktive und eine inaktive Version gibt, und setzt daher voraus, dass Sie Änderungen gespeichert, aber nicht aktiviert haben.

Wenn Sie diesen Menüpunkt auswählen, wird Ihr Quelltext direkt in der aktiven Version angezeigt. Aber keine Angst, Sie kommen jederzeit wieder an Ihre zuletzt gespeicherte Version. Im Kontextmenü finden Sie jetzt nämlich anstelle des soeben Ausgewählten den Eintrag SHOW INACTIVE VERSION, der Ihre vorherige Ansicht wiederherstellt.

Welche Versionseinträge es in der Historie des Entwicklungsobjekts gibt, finden Sie über das Kontextmenü und die Einträge COMPARE WITH • REVISION HISTORY.... Es öffnet sich die REVISION HISTORY VIEW, die Ihnen ähnlich der SE80-Versionsverwaltung die vorhandenen Speicherstände mit ihrer Zuordnung zum jeweiligen Transportauftrag anzeigt (vgl. Abbildung 4.45).

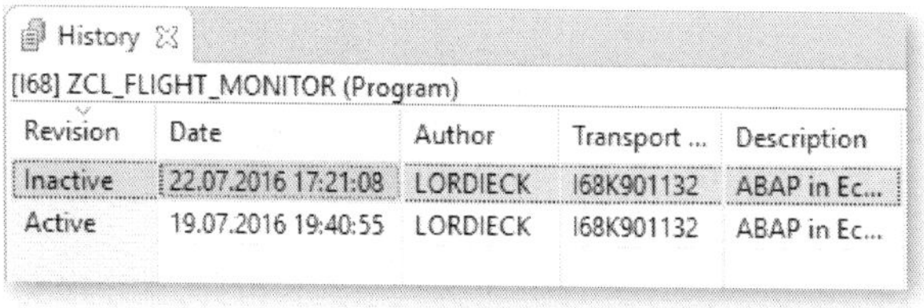

Revision	Date	Author	Transport ...	Description
Inactive	22.07.2016 17:21:08	LORDIECK	I68K901132	ABAP in Ec...
Active	19.07.2016 19:40:55	LORDIECK	I68K901132	ABAP in Ec...

Abbildung 4.45: Versions-Historie anzeigen

Einen direkten Vergleich der aktuellsten mit einer historischen Version des Objekts können Sie entweder über einen Doppelklick auf einen Eintrag oder über dessen Kontextmenü unter dem Punkt COMPARE WITH LATEST veranlassen. Der Quelltext-Vergleich öffnet einen neuen Tab und stellt beide Versionen direkt gegenüber. Beispielhaft ist das in Abbildung 4.46 zu sehen.

Für das bessere Verständnis der Funktionalität ein kurzer Überblick über die markierten Bildschirmbereiche:

❶ Über dieses Menü können Sie die Art des Vergleichs umstellen. Tatsächlich macht eine Änderung hier keinen Sinn, da ABAP Compare dazu führt, dass entsprechend der ABAP-Einstellungen die Schlüsselworte kenntlich gemacht und verglichen werden.

❷ Anhand der Titel der Quelltexte erkennen Sie direkt, welche die aktive und welche die inaktive Version ist.

Hilfsmittel und nützliche Funktionen

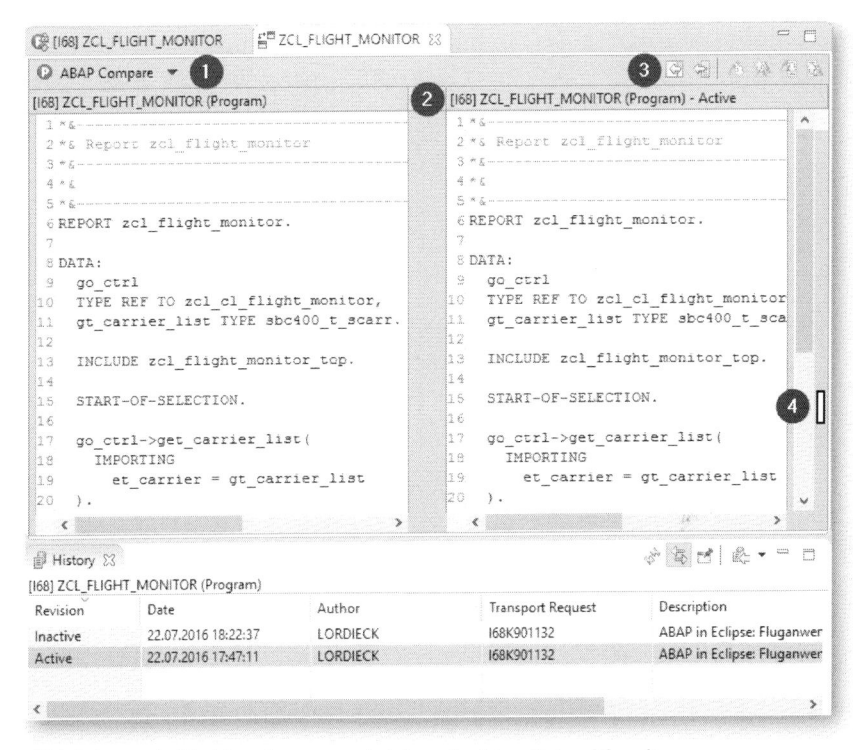

Abbildung 4.46: Versionsvergleich mit aktuellster Version

❸ Nicht nur vergleichen können Sie hier, sondern auch Unterschiede aus dem rechten in den linken Quelltext übernehmen. Die Funktionsleiste bietet von links nach rechts die folgenden Optionen:

- ▶ alle Änderungen, die keine Konflikte verursachen, von der rechten in die linke Version übernehmen,
- ▶ in derselben Weise alle **markierten** Änderungen übernehmen,
- ▶ zum nächsten Unterschied springen,
- ▶ zum vorherigen Unterschied springen,
- ▶ zur nächsten Änderung springen,
- ▶ zur vorherigen Änderung springen.

Vielleicht stolpern Sie auch darüber, dass es sowohl die Funktion »zu Unterschied springen« als auch »zu Änderung springen« gibt. Diese weichen aber tatsächlich leicht voneinander ab: Während das System bei »Unterschied« nur zum markierten Block des Vergleichs springt, wird über »Änderung« auch direkt eine Markierung der Änderung vorgenommen. Probieren Sie es am besten aus, um sich über den Unterschied Klarheit zu verschaffen.

❹ Wie bei der Syntax-Prüfung im Quelltext-Editor werden im Versions-Vergleich gefundene Unterschiede gemäß ihrer Position im Quelltext schematisch neben der rechten Laufleiste angezeigt. Mit einem Klick auf das Rechteck landen Sie direkt an der passenden Stelle im Quelltext.

Grundsätzlich können Sie in dieser Ansicht nur den linken Editor bearbeiten.

Bei Unterschieden zwischen beiden Versionen werden diese direkt kenntlich gemacht und die voneinander abweichenden Stellen über Linien verbunden (siehe Abbildung 4.47). Lassen Sie sich von der Abbildung 4.47 nicht täuschen: Auch die ersten Blöcke (Zeilen 17–20) der beiden Editoren unterscheiden sich voneinander durch den Einzug des Quelltextes. Es werden also nicht nur die Anweisungen verglichen.

```
17    go_ctrl->get_carrier_list(         17 go_ctrl->get_carrier_list(
18      IMPORTING                        18   IMPORTING
19        et_carrier = gt_carrier_li     19     et_carrier = gt_carrier_
20    ).                                 20 ).
21                                       21
22                                       22
23                                       23
24                                       24
25                                       25
26 ************************************  26 PERFORM set_alv_info.
27 PERFORM set_alv_info.                 27
```

Abbildung 4.47: Markierung der Unterschiede zweier Versionen

4.8.2 Lokale Überarbeitungshistorie

Ähnlich wie der soeben vorgestellte Versionsvergleich funktioniert auch die Arbeit mit der *lokalen Überarbeitungshistorie*, die Eclipse auf Ihrem Client anlegt. Diese steht somit nur Ihnen und keinem anderen Entwickler zur Verfügung.

Anzeigen können Sie die lokale wie die normale Historie über das Kontextmenü im Quelltext und den Pfad COMPARE WITH • LOCAL HISTORY. Sie wird in der gleichen REVISION HISTORY VIEW angezeigt (vgl. Abbildung 4.48), wodurch Sie keine ungewollten Konflikte erzeugen können.

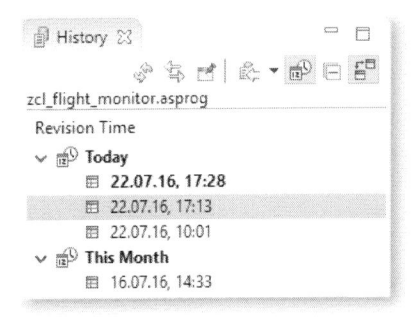

Abbildung 4.48: Lokale Historie in Eclipse

Eine lokale Version wird mit jeder Speicherung angelegt, bei der Sie Änderungen vorgenommen haben. Dadurch können Sie fast jeden Ihrer Schritte nachvollziehen und schnell und einfach z. B. kleine Experimente oder ungeahnt ausartende Aktionen wieder zurücknehmen. Über einen Doppelklick oder das Kontextmenü sowie den Eintrag OPEN gelangen Sie wieder in den Quelltext-Vergleich mit der aktuellen Version.

Neben den bereits bekannten Drucktasten zum Aktualisieren der Anzeige und der Synchronisierung des Views mit dem Editor gibt es bei der lokalen Historie zwei weitere nützliche Funktionen: Über die Feststelltaste GROUP REVISIONS BY DATE werden die aufgelisteten Versionen wie in Abbildung 4.48 nach Datum gruppiert. So erhalten Sie eine bessere Übersicht und können gezielter nach der gewünschten Version suchen.

Die Feststelltaste COMPARE MODE 🗗 führt dazu, dass das Öffnen einer historischen Version direkt einen Quelltext-Vergleich auslöst. Ist die Taste nicht gedrückt, wird die gewählte Version in einem neuen Tab geöffnet.

> **Einstellungen zur lokalen Historie**
>
> Wenn Sie über Quick Access nach »Local History« suchen, finden Sie das entsprechende Menü in den Eclipse-Einstellungen (engl.: Preferences). Dort können Sie festlegen, wie lange die lokale Historie gespeichert wird und wie viel Speicherplatz diese maximal belegen darf.

4.8.3 Systemübergreifender Vergleich

In einer großen Systemlandschaft kommt immer wieder die Frage auf: »Ist denn schon alles transportiert?« Auch ein Vergleich zweier Entwicklungsobjekte auf zwei unterschiedlichen Systemen, die »eigentlich« den gleichen Stand haben sollten, ist immer wieder notwendig. Gerade bei der Harmonisierung von Systemen kommt dieses Thema wiederholt auf.

Für diese Anwendungsfälle ist die dritte Funktion PROJECT unter dem Kontextmenü-Eintrag COMPARE WITH hilfreich. Darüber können Sie das gesamte aktuell geöffnete Entwicklungsobjekt direkt mit dem Stand auf einem anderen System vergleichen und Unterschiede aufdecken. Einzige Voraussetzung dafür ist, dass Sie das entsprechende System als ABAP-Projekt in Ihrer Eclipse IDE angelegt und somit direkten Zugriff darauf haben.

4.9 Lesezeichen

Häufig kommt es in der Entwicklung größerer oder komplexer Anwendungen vor, dass Sie ständig an die gleichen Stellen im Quelltext springen, um bestimmte Abläufe und Prüfungen zu testen oder zu korrigieren. Beginnend an einem wohlbekannten Einstiegspunkt, hangeln Sie sich also bis zur gesuchten Stelle vor und setzen den ersehnten Breakpoint.

Das kommt Ihnen bekannt vor? Dann kann Ihnen die in diesem Abschnitt beschriebene Funktion der *Lesezeichen* (engl.: Bookmarks) behilflich sein und einige Such-Arbeit abnehmen.

Lesezeichen können Sie an einer beliebigen Stelle im Quelltext setzen und dazu einen für Sie sprechenden Namen vergeben. Damit schaffen Sie sich selbst eine praktische Liste zentraler Quelltext-Passagen Ihrer Anwendung, an die Sie jederzeit ohne Suchen navigieren können.

Um ein Lesezeichen an einer Stelle in Ihrer Anwendung zu setzen, navigieren Sie dorthin und öffnen über einen Rechtsklick in die schmale Leiste am linken Rand des Editors auf Höhe der gewünschten Zeile das Kontextmenü (siehe Abbildung 4.50). Sobald Sie dort auf ADD BOOKMARK... geklickt haben, können Sie einen Namen für das Lesezeichen vergeben.

Anschließend wird die gewählte Zeile mit dem Lesezeichen-Symbol versehen:

Abbildung 4.49: Ein Symbol kennzeichnet als Lesezeichen gespeicherte Quelltext-Zeilen

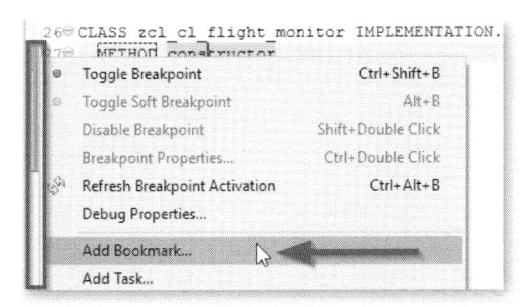

Abbildung 4.50: Lesezeichen über das Kontextmenü setzen

Über das gleiche Kontextmenü lässt sich das Lesezeichen auch wieder entfernen. Die Funktion ADD BOOKMARK steht dann nicht mehr zur Verfügung, sondern wird durch REMOVE BOOKMARK ersetzt.

Ihre gespeicherten Lesezeichen finden Sie in der BOOKMARKS-View aufgelistet (siehe Abbildung 4.50).

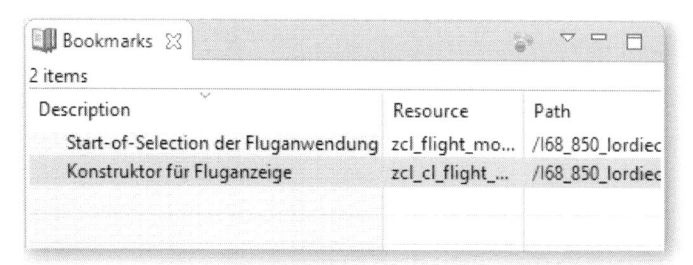

Bookmarks		
2 items		
Description	Resource	Path
Start-of-Selection der Fluganwendung	zcl_flight_mo...	/I68_850_lordiec
Konstruktor für Fluganzeige	zcl_cl_flight_...	/I68_850_lordiec

Abbildung 4.51: Bookmarks-View zeigt gespeicherte Lesezeichen

Von dort aus gelangen Sie über einen Doppelklick auf den gewünschten Eintrag direkt in der markierten Quelltext-Zeile. Über das jeweilige Kontextmenü eines Eintrags können Sie ebenfalls dorthin navigieren (Menüpunkt GO TO). Darüber hinaus können Sie im Kontextmenü über den Menüpunkt PROPERTIES Änderungen am Lesezeichen selbst vornehmen, wie z. B. den Namen ändern. Das Kontextmenü ist selbsterklärend und wird hier nicht näher betrachtet.

4.10 Transporte

Eine saubere Entwicklungsarbeit ist immer auch mit einer guten Organisation der genutzten Transporte verbunden. Dabei kommt es durchaus vor, dass nicht ganz klar ist, auf welchem Transportauftrag ein Entwicklungsobjekt aktuell steht und ob das zu Konflikten führen kann.

In der SAP GUI führt in so einer Situation kaum ein Weg am *Transport Organizer* (SE01) vorbei, der Ihnen eine Übersicht der im System vorhandenen Transporte erstellt. Über weitere Funktionen können Sie dann separat diejenigen Aufträge suchen, auf denen sich ein bestimmtes Entwicklungsobjekt befindet.

Diesen Weg erspart uns die in Eclipse verfügbare TRANSPORT ORGA-NIZER-View . Sie gibt einen schnellen Überblick über bestehende Transporte, wie in Abbildung 4.52 zu sehen ist.

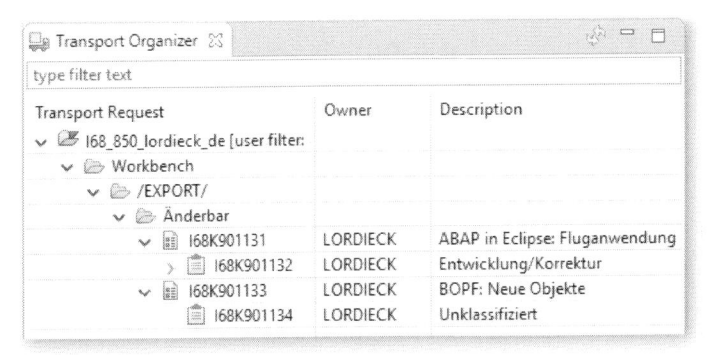

Transport Request	Owner	Description
I68_850_lordieck_de [user filter:		
Workbench		
/EXPORT/		
Änderbar		
I68K901131	LORDIECK	ABAP in Eclipse: Fluganwendung
I68K901132	LORDIECK	Entwicklung/Korrektur
I68K901133	LORDIECK	BOPF: Neue Objekte
I68K901134	LORDIECK	Unklassifiziert

Abbildung 4.52: Transport-Organizer-View

Sie können die Aufgaben der Transporte, wie z. B. Aufgabe I68K901132 – Entwicklung/Korrektur zum Transport I68K901131 – ABAP in Eclipse: Fluganwendung, noch weiter aufklappen, um eine Liste der darin enthaltenen Entwicklungsobjekte zu sehen. Über das Kontextmenü der Aufträge und Aufgaben stehen Ihnen zudem einige weitere nützliche Funktionen zur Verfügung:

- ADD USER (nur für Aufträge): Fügt einen weiteren Benutzer zu diesem Auftrag hinzu. Wie gewohnt wird für ihn eine neue Aufgabe erstellt,
- CHANGE OWNER: Ändert den Auftrags- oder Aufgabeninhaber,
- RELEASE: Gibt den Auftrag oder die Aufgabe frei,
- RUN CONSISTENCY CHECKS: Führt die in Ihrem System hinterlegten Prüfungen der Transporte aus.

Damit sind schon die meisten mit Transporten verbundenen Tätigkeiten abgedeckt. Für Sonderfälle stehen natürlich weiterhin die gewohnten Transaktionen zur Verfügung.

Die bereits angesprochene Suche nach Entwicklungsobjekten und deren Transport-Zuordnung können Sie ebenfalls in dieser View komfortabel durchführen. Sobald Sie Ihren Suchbegriff in die Suchzeile eingeben, werden die Transporte für Sie gefiltert und die Objekte angezeigt (vgl. Abbildung 4.53).

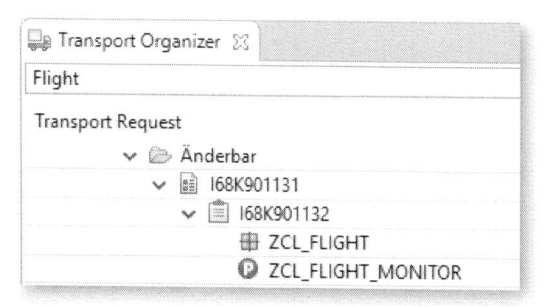

```
Transport Organizer
Flight
Transport Request
    v   Änderbar
        v   I68K901131
        v   I68K901132
            ZCL_FLIGHT
            ZCL_FLIGHT_MONITOR
```

Abbildung 4.53: Einfache Suche in Transporten

> **Suche ohne Wildcards**
>
> Eine Suche nach Entwicklungsobjekten in Transporten können Sie in diesem Fall ohne Wildcards »*« durchführen. Es werden alle Objekte angezeigt, die den Suchbegriff im Namen führen, unabhängig von der Position des Begriffs.

4.11 ADT-Links

Wie oft haben Sie die folgende Situation schon erlebt: Ein Kollege kommt zu Ihnen und sagt: »Sag mal, du hast doch letztens die und die Funktion implementiert. Welche Klasse/welchen Funktionsbaustein hast du dafür genutzt, und hast du ein Beispiel, wie ich die/den am besten aufrufen kann?« Vermutlich lautete Ihre Antwort: »Ja klar, ich schau mal eben, wo das war, und schicke dir die Namen und Zeilen im Quelltext.« – oder zumindest so ähnlich.

Ein Austausch in größeren Projektteams oder auch Entwicklungsabteilungen mit mehreren Entwicklern ist an der Tagesordnung. Doch statt wie bisher die Objektnamen und dazu noch die Aufrufsequenzen suchen zu müssen, damit Ihr Kollege sich den Weg durch den Quelltext bahnen kann, können Sie eine neue Funktion nutzen, die Ihnen mit den ADT zur Verfügung steht: die *ADT-Links*.

Ein ADT-Link ist ein Hyperlink, wie Sie ihn aus dem Internet kennen, z. B. *https://de.espresso-tutorials.com/*. Allerdings verweist er nicht auf eine Webseite, sondern direkt auf eine spezifische Quelltext-Zeile in einem konkreten Entwicklungsobjekt. Der Nutzen liegt auf der Hand: Statt dem Kollegen die Objekte zu nennen und ihn auf die Suche zu schicken, können Sie ihm per Chat oder Mail einfach und schnell einen Link erzeugen. Den kann er in seiner Eclipse-Umgebung öffnen und bekommt direkt die richtige Code-Stelle angezeigt, mit der er weiterarbeiten kann.

Tatsächlich ist das Arbeiten mit ADT-Links genauso einfach, wie es sich anhört. Ich zeige Ihnen jetzt, wie Sie einen ADT-Link erzeugen und wie Sie einen bestehenden Link in Eclipse öffnen können.

> **Systemzugang für ADT-Links**
>
> Um einen ADT-Link öffnen zu können, ist es notwendig, dass Sie für das verlinkte System auch ein Projekt in Ihrer Eclipse IDE eingerichtet haben. Sonst können Sie das Objekt natürlich nicht öffnen.

4.11.1 Erzeugen eines ADT-Links

Wenn Sie eine Stelle oder auch einen größeren Block im Quelltext markiert haben, den Sie gern jemandem zeigen möchten, haben Sie zwei Optionen, um einen Link darauf zu erzeugen. Entweder Sie öffnen direkt das Kontextmenü über einen Rechtsklick und wählen den Eintrag Share Link for Selection..., oder Sie gehen über die Menüleiste im Menü NAVIGATE und wählen Share Link... In beiden Fällen öffnet sich das in Abbildung 4.54 gezeigte Fenster.

Generell können Sie zwei Arten von Links erzeugen:

1. Ein HTTP LINK kann direkt in einem Browser geöffnet werden und benötigt keine Eclipse IDE mit ADT-Plugin. Er entspricht den bekannten Hyperlinks.

2. Ein ADT LINK kann nur in Eclipse über die mit dem ADT-Plugin verbundenen Optionen geöffnet werden. Sie erkennen einen ADT-Link zweifelsfrei am vorangestellten »adt://«, z. B. adt://<sysid>/sap/bc/adt/oo/classes/zcl_cl_flight_monitor/source/main #start=57,13, der auf die Klasse ZCL_CL_FLIGHT_MONITOR, Zeile 57, Zeichen 13 verweist.

Sie können natürlich beide Optionen nutzen. Entwickelt aber Ihr Kollege auch schon in Eclipse, empfiehlt sich unbedingt die Variante »ADT Link«.

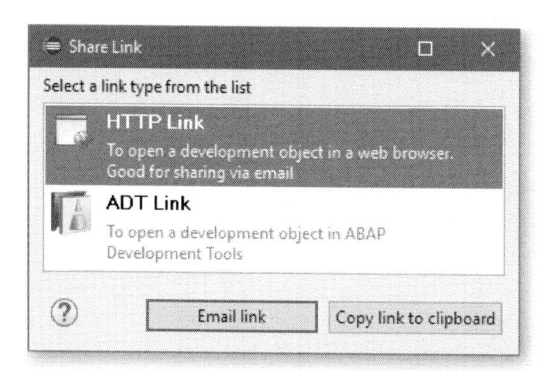

Abbildung 4.54: ADT- oder HTTP-Link erzeugen

Es bieten sich Ihnen nun zwei Optionen zum Erzeugen des Links:

1. EMAIL LINK öffnet die auf Ihrem Client als Standardprogramm hinterlegte Mail-Anwendung und erstellt eine neue Mail mit dem erzeugten Link.

2. COPY LINK TO CLIPBOARD kopiert den erzeugten Link ohne sichtbare Rückmeldung an den Benutzer in die Zwischenablage Ihres Betriebssystems. Um sicherzugehen, dass wirklich ein Link erzeugt wurde, können Sie z. B. in ein leeres Textdokument gehen und den Link über [Strg] + [V] einfügen.

Das Ergebnis eines HTTP-Links sehen Sie in Abbildung 4.55. Es ist eine schreibgeschützte Darstellung des verlinkten Quelltextes. Oben rechts finden Sie hinter dem Link »Open in ABAP in Eclipse« einen ADT-Link, den Sie dann in Ihrer Eclipse IDE öffnen können. Deutlich schneller sind Sie jedoch, wenn Sie den ADT-Link direkt, ohne Umweg über den HTTP-Link, erzeugen.

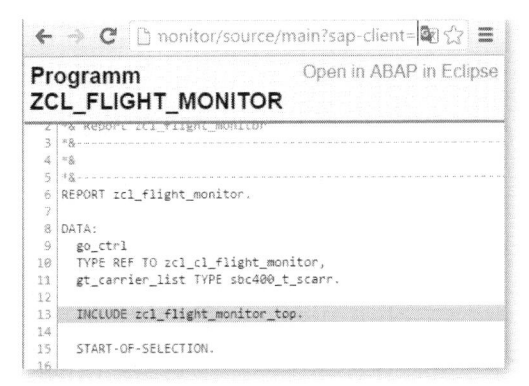

Abbildung 4.55: Darstellung eines HTTP-Links im Browser

4.11.2 Öffnen eines ADT-Links

Wurde Ihnen von Ihrem Kollegen ein ADT-Link geschickt, wählen Sie im Menü NAVIGATE den Eintrag `Open ADT Link...` oder wählen Sie die Tastenkombination [Strg] + [Alt] + [O]. Es öffnet sich ein Fenster, in das Sie den erhaltenen (oder auch selbst erzeugten) Link kopieren können (vgl. Abbildung 4.56).

Abbildung 4.56: Einen ADT-Link öffnen

117

Über den Pfeil am rechten Ende des Textfeldes finden Sie bereits vorher geöffnete ADT-Links, die Sie bequem erneut aufrufen können.

Sobald Sie über die Drucktaste OK bestätigen, werden Sie zu der verlinkten Stelle im Quelltext geleitet.

> **Auswahl eines Projekts bei mehreren Mandanten**
>
> Ihnen ist sicher aufgefallen, dass der ADT-Link zwar eine Angabe zum verlinkten System, nicht jedoch zum Mandanten enthält. Es kann aber durchaus vorkommen, dass Sie zu einem System ABAP-Projekte für mehrere Mandanten angelegt haben. In diesem Fall erscheint nach der Bestätigung des Öffnen-Dialogs ein Fenster. Hier können Sie das ABAP-Projekt wählen, in dem der Link geöffnet werden soll.

4.12 Aufgaben

Als Projektmitarbeiter oder auch im Third-Level-Support erhalten Sie ständig Aufgaben, die die Bearbeitung bestimmter ABAP-Entwicklungsobjekte mit sich bringen. Üblicherweise gehen diese nach der Entwicklung zum Test in die Fachabteilungen und kommen von dort häufig mit weiteren notwendigen Anpassungen zurück, die zumeist wieder dieselben Objekte betreffen. Bei einer Fülle an Aufgaben erfordert das jedes Mal die Suche nach den passenden Objekten und ein gutes Gedächtnis für die entsprechenden Objektnamen.

Um sich diese Suche ersparen und einfach zwischen den verschiedenen Aufgaben wechseln zu können, finden Sie in der Eclipse IDE die View *Task List* (deutsch: Aufgabenliste). Mit ihr verbunden sind recht mächtige Funktionen rund um die Aufgabenorganisation für Sie als Entwickler. Ich möchte Ihnen nachfolgend das grundlegende Prinzip und die Idee dahinter näherbringen. Ob und wie Sie diese Funktionalität tatsächlich nutzen und inwieweit Sie überhaupt in Ihre bisherige Organisation passt, können nur Sie selbst entscheiden.

> **Task-List-View**
>
> Weitergehende Informationen finden Sie im Internet in der SCN-Community (*http://scn.sap.com/welcome*) – häufig unter dem Stichwort »mylyn tasks«.

Rufen Sie die Task List das erste Mal über WINDOW • SHOW VIEW • TASK LIST auf, ist diese komplett leer (vgl. Abbildung 4.57). Wie Sie damit arbeiten können, erkläre ich Ihnen in den folgenden zwei Unterkapiteln.

Abbildung 4.57: Task-List-View nach erstem Aufruf

4.12.1 Neue Aufgaben anlegen

Über die Funktionstaste NEW TASK können Sie direkt eine neue Aufgabe erfassen. Ein Klick darauf öffnet ein Fenster, in dem Sie gefragt werden, in welchem *Task Repository* die neue Aufgabe gespeichert werden soll. Ein Task Repository ist sozusagen eine Aufgaben-Datenbank, in der die Aufgaben abgelegt werden. Standardmäßig finden Sie dort die Repositories `Local` und `Eclipse.org`, die immer für Sie bereitstehen. Ersteres speichert die Aufgaben lokal auf Ihrem Client, das zweite ist am besten als eine von Eclipse bereitgestellte »Aufgaben-Cloud« zu beschreiben – Ihre Aufgaben werden auf einem Eclipse-Server gespeichert.

> **Unternehmens-Repositories anbinden**
>
> Sie haben über die beiden bestehenden Repositories hinaus die Möglichkeit, Ihre eigenen oder auch allgemein im Unternehmen genutzte Repositories anzubinden. Ein Beispiel dafür wäre »JIRA«, über das ein Projektteam seine Aufgaben verwalten und pflegen kann. Wenn Sie dieses externe Repository über die View TASK REPOSITORIES oder die im sich öffnenden Fenster angebotene Option ADD TASK REPOSITORY anbinden, können Sie direkt mit den dort gepflegten Aufgaben arbeiten. Auch eine Synchronisation des Status etc. aus Eclipse heraus ist über die Funktionstaste SYNCHRONIZE CHANGED möglich. Informationen dazu finden Sie ebenfalls in ausreichender Menge im Internet, daher gehe ich hier nicht näher darauf ein.

Ich wähle in diesem Fall Local aus und bestätige mit FINISH. Es öffnet sich die Pflege-Maske für Aufgaben, in der Sie verschiedene Eigenschaften wie den Bearbeitungszeitraum, die Fälligkeit der Aufgabe und die geschätzte Dauer der Bearbeitung pflegen können (vgl. Abbildung 4.58). Die Dauer (Feld ESTIMATE) ist für neue Aufgaben obligatorisch, sonst ist eine Speicherung nicht möglich. Der Reiter CONTEXT am unteren Rand der Abbildung wird später die Objekte enthalten, die Sie bei der Bearbeitung der Aufgabe geöffnet haben. Wie das funktioniert, erläutere ich im weiteren Verlauf des Kapitels.

Für eine detailliertere Strukturierung einer Aufgabe können Sie über die Funktionstaste CREATE A NEW SUBTASK Teil- bzw. Unteraufgaben erstellen. Diese werden hierarchisch unter der bestehenden Aufgabe eingeordnet und sind entsprechend in der TASK LIST-View dargestellt (siehe Abbildung 4.59).

Die rot dargestellte Aufgabe enthält noch ungesicherte Änderungen und wird daher hervorgehoben. Als »erledigt« gekennzeichnete Aufgaben werden durchgestrichen und mit einem Haken versehen.

Wenn Sie die Aufgabe gespeichert haben, können Sie damit im nachfolgenden Abschnitt arbeiten.

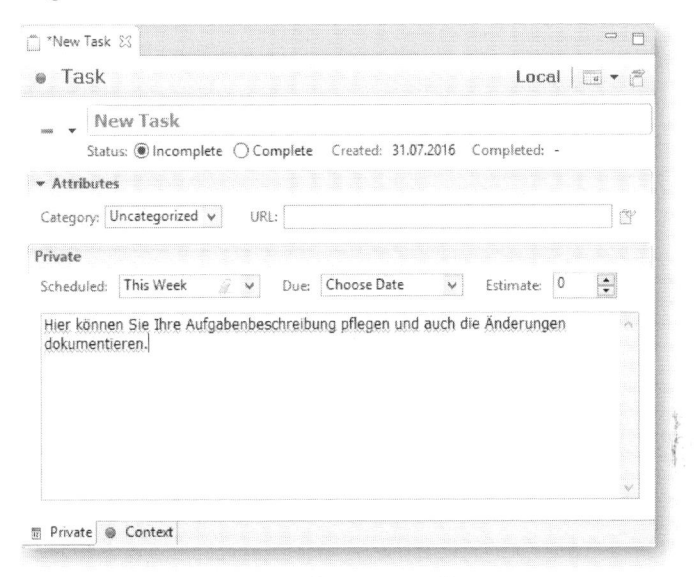

Abbildung 4.58: Neue Aufgabe erstellen

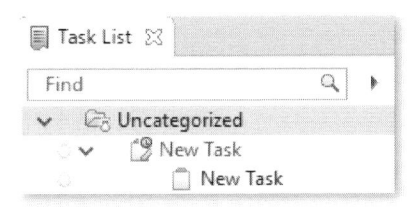

Abbildung 4.59: Aufgabenhierarchie mit Unteraufgaben

> **Aufgaben-Kategorien**
>
> Bei der ersten Nutzung einer neuen Aufgabe wird immer die Kategorie »Uncategorized« zugeordnet. Über das Kontextmenü zur Kategorie können Sie die Zuordnung ändern oder neue Kategorien erstellen, um Ihre Aufgaben nach Ihren Wünschen zu gruppieren.

4.12.2 Aufgaben aktivieren

Bisher haben Sie die TASK LIST als reine Aufgabenliste genutzt. Das Nützlichste daran ist jedoch der Kontext, also die mit der Bearbeitung der Aufgaben verbundenen Objekte.

Für die Nutzung dieser Funktion müssen Sie Ihre soeben angelegte Aufgabe aktivieren. Zuvor öffnen Sie aber bitte die für die Aufgabe benötigten Entwicklungsobjekte, damit Sie anschließend unterbrechungsfrei die Folgeschritte nachvollziehen können. In Ihrer täglichen Arbeit können Sie auch erst die Aufgabe aktivieren und dann die Objekte öffnen. In diesem Fall nehme ich beispielhaft meine erstellte Klasse `ZCL_CL_FLIGHT_MONITOR` und mein Programm `ZCL_FLIGHT_MONITOR`.

Wählen Sie für die Aktivierung mittels Rechtsklick auf der Aufgabe den Eintrag `Activate` im Kontextmenü. Dadurch wird die Aufgabe hervorgehoben und davor in der Liste das Zeichen für aktive Aufgaben ⬤ eingefügt. Ab jetzt »merkt sich« die Aufgabe, welche Entwicklungsobjekte Sie bei der Bearbeitung geöffnet haben.

> **Aufgabe ohne Entwicklungsobjekte**
>
> Falls Sie keine Entwicklungsobjekte mehr geöffnet hatten, wird der PROJECT EXPLORER leer dargestellt. Mit der Kombination [Alt] + Linksklick gelangen Sie dann in die gewohnte Darstellung der ABAP-Projekte und können über die Hierarchie oder [Strg] + [⇧] + [A] Ihre Objekte direkt suchen und öffnen.

Da wir bereits Entwicklungsobjekte geöffnet haben, werden diese in den Kontext der Aufgabe übernommen. Um das zu prüfen, können Sie Ihre Aufgabe über einen Doppelklick öffnen und zum Tab CONTEXT wechseln. Dort finden Sie Ihr ABAP-Projekt, das die geöffneten Objekte enthält – oder auch mehrere Projekte, falls Sie systemübergreifend arbeiten. Unter dem Menüpunkt INVISIBLE ELEMENTS finden Sie dann tatsächlich die ADT-Links auf die verwendeten Entwicklungsobjekte, wie Abbildung 4.60 zeigt.

Structure Handle	Kind
adt://I68	adt
adt://I68/sap/bc/adt/oo/classes/zcl_cl_flight_monitor	adt
adt://I68/sap/bc/adt/programs/programs/zcl_flight_monitor	adt

▼ 3 Invisible Elements

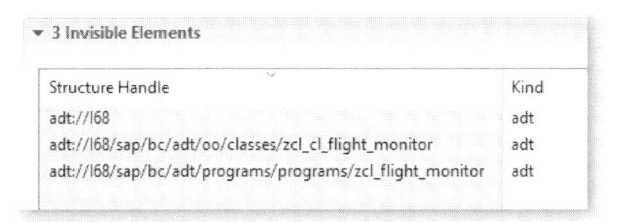

Abbildung 4.60: Kontext-Aufgabe mit ADT-Links – Entwicklungsobjekte

Was bedeutet das jetzt aber ganz konkret? Um das zu veranschaulichen, führen Sie bitte die folgenden zwei Schritte durch:

1. Deaktivieren Sie Ihre Aufgabe über den Eintrag Deactivate im Kontextmenü. Die geöffneten Editoren werden automatisch mit geschlossen.

2. Aktivieren Sie dieselbe Aufgabe erneut. Die zuvor gespeicherten Entwicklungsobjekte zur Aufgabe werden direkt mit geöffnet.

Ich denke, das Prinzip ist klar: Die Aufgabe merkt sich, welche Entwicklungsobjekte Sie bei der Bearbeitung öffnen und v. a., welche zum Zeitpunkt der Deaktivierung geöffnet waren. Wenn Sie z. B. eine unvollendete Aufgabe am Folgetag zur weiteren Bearbeitung aktivieren, werden alle benötigten Editoren geöffnet, und Sie können direkt weiterarbeiten.

Ich kann gar nicht in Worte fassen, wie viele Schritte Ihnen diese Funktion im Rahmen einer strukturierten Aufgabenverwaltung oder gar einer Integration mit einem Projektplanungsprogramm oder Ticketsystem abnimmt. Kein lästiges Erinnern an die Namen der Objekte, kein Suchen der Pakete und keine Gefahr mehr, sich zuerst am falschen ABAP-Projekt angemeldet zu haben – all das übernimmt der Kontext der Aufgabe.

Natürlich setzt es eine entsprechende Pflege der Aufgaben voraus. Wie und ob Sie das nutzen wollen, können wie gesagt nur Sie selbst beurteilen. Eine schlaue Funktion ist es aber definitiv.

An dieser Stelle haben Sie die wichtigsten Funktionen der Eclipse IDE zur Unterstützung der Entwicklungstätigkeit kennengelernt. Im folgenden Kapitel 5 möchte ich Ihnen noch die ebenfalls in Eclipse integrierte Möglichkeit zum Debuggen vorstellen, um Ihren Umstieg abzurunden.

5 Debuggen in Eclipse

Neben der reinen Implementierungstätigkeit testet jeder Entwickler seine Entwicklungen. Üblicherweise wird dafür der Programmablauf in einer Debugger-Session von vorne bis hinten nachvollzogen. Auch die Fehleranalyse findet zum Großteil im Debugger statt. In diesem Kapitel stelle ich Ihnen daher den Eclipse-Debugger und die für diese Plattform verfügbaren Breakpoint-Arten vor.

Grundsätzlich bietet der Debugger in Eclipse die Ihnen bereits aus der SAP GUI vertrauten Funktionalitäten. Wie bisher können Sie in Anweisungen hineinspringen F5, Anweisungen ausführen F6 und den gesamten Schritt ausführen F7. Mit dem allgemeinen Ausführen F8 gelangen Sie zum nächsten Breakpoint, oder das Programm durchläuft alle folgenden Schritte. Was ein Breakpoint ist, wird als bekannt vorausgesetzt.

Vorab sei aber auch gesagt, dass es für nützliche Funktionen des Debuggers in der SAP GUI, wie z. B. die Analyse von Tabellendaten in einer ALV-Darstellung oder das zusätzliche Menü »Werkzeuge« für Speicheranalyse u. Ä., noch keine Entsprechungen im Eclipse-Debugger gibt. In Einzelfällen kann es daher sinnvoll sein, auf die Debug-Bordmittel der SAP GUI zurückzugreifen.

Optisch unterscheidet sich die Oberfläche stark von der SAP-GUI-Variante. Daher erläutere ich zuerst, wo Sie welche Breakpoint-Art finden, und stelle im Anschluss die Oberfläche der DEBUG-Perspektive in Eclipse vor.

5.1 Breakpoints

Wie auch in der SAP GUI bieten die ADT verschiedene Arten von Breakpoints, die Sie für die Analyse Ihres Quelltextes verwenden können.

5.1.1 Zeilen-Breakpoints

Was Sie aus der SAP GUI als Session- oder externen Breakpoint kennen, finden Sie in Eclipse als sogenannte *Zeilen-Breakpoints* (engl.: Line Breakpoint) oder einfach nur »Breakpoint«. Ähnlich dem Vorgehen in der SAP GUI können Sie diese entweder links neben der Zeilennummer über das Kontextmenü und den Eintrag `Toggle Breakpoint` `Strg` + `⇧` + `B` (vgl. Abbildung 5.1) oder über einen Doppelklick setzen. Ist an einer auszuführenden Anweisung zur Laufzeit ein Breakpoint gesetzt, wird eine Debugger-Session aufgebaut.

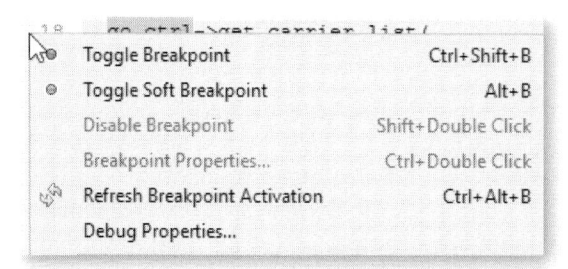

Abbildung 5.1: Breakpoints über das Kontextmenü setzen

Über einen weiteren Doppelklick oder denselben Menüpunkt können Sie den Breakpoint wieder vollständig entfernen.

Breakpoints ausschalten

Entgegen der nachvollziehbaren Erwartung führt die Funktion DISABLE BREAKPOINT, die Sie auch über `⇧` + Doppelklick ausführen können, nicht dazu, dass der Breakpoint entfernt wird. Stattdessen wird er deaktiviert, aber nach wie vor angezeigt. Das kann z. B. in einer aktiven Debugging-Session nützlich sein, wenn Sie eine Stelle für den Moment überspringen, später aber wieder genauer betrachten wollen.

5.1.2 Weiche Breakpoints

Ein *weicher Breakpoint* (engl.: Soft Breakpoint) lässt sich ebenfalls über das Kontextmenü auf der Leiste links neben den Zeilennummern setzen (oder über ALT + B). Anders als bei den Zeilen-Breakpoints haben Sie in einer bestehenden Debugger-Session die vertraute Funktionsweise: die Ausführung wird an dieser Stelle angehalten. Allerdings startet der Debugger beim normalen Ausführen eines Programms nicht, wenn ein weicher Breakpoint passiert wird. Haben Sie also nur weiche Breakpoints gesetzt, wird das Programm ganz normal ausgeführt.

Weiche Breakpoints bieten sich daher an zentralen Code-Passagen an, von denen aus Sie bei der Programmausführung in wichtige Schritte verzweigen. Bei der Fehleranalyse können Sie das Programm im Debug-Modus starten und sich direkt darauf verlassen, an den über weiche Breakpoints festgelegten Punkten anzuhalten. Die Ausführung des Programms wird auch dann in den Debug-Modus umgeschaltet, wenn ein Zeilenbreakpoint passiert wird. Ab diesem Moment greifen auch Ihre weichen Breakpoints für die restliche Laufzeit der Debugger-Session.

5.1.3 Bedingte Breakpoints

Beide bisher vorgestellte Arten, also sowohl Zeilen- als auch weiche Breakpoints, können zu *bedingten* (engl.: conditional) *Breakpoints* umgewandelt werden. Dazu rufen Sie auf einem bestehenden Breakpoint die Breakpoint-Eigenschaften (engl.: Breakpoint Properties) über das Kontextmenü oder die Kombination Strg + Doppelklick auf.

Es öffnet sich ein neues Fenster, in dem Sie eine Bedingung für den Breakpoint festlegen können (vgl. Abbildung 5.2), zum Beispiel `sy-subrc <> 0`. Damit würde der Debugger nur anhalten, wenn das Feld `subrc` der Systemvariablen `sy` einen Wert ungleich 0 hat.

Abbildung 5.2: Einem Breakpoint eine Bedingung hinzufügen

5.1.4 Anweisungs- und Ausnahme-Breakpoints

Da sich die beiden Arten Anweisungs- (engl.: Statement) und Ausnahme- (engl.: Exception) Breakpoints sowohl in Bezug auf den Anlegevorgang als auch Ihre Funktion ähnlich sind, stelle ich sie Ihnen gemeinsam vor.

Beide haben eine Besonderheit: Sie können nur über die BREAKPOINT VIEW gesetzt werden. Da diese nicht standardmäßig in der ABAP-Perspektive hinterlegt ist, müssen Sie sie separat über WINDOW • SHOW VIEW • OTHER (oder [Alt] + [⇧] + [Q]) und dann DEBUG • BREAKPOINTS öffnen.

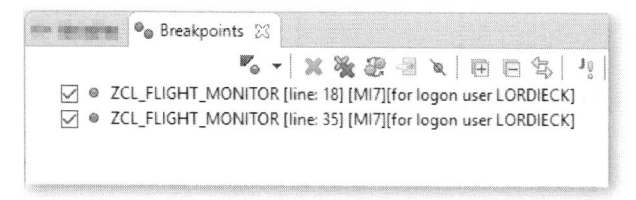

Abbildung 5.3: Breakpoints-View

Daraufhin wird Ihnen eine Liste der bereits gesetzten Breakpoints angezeigt (siehe Abbildung 5.3). Über die Checkboxen können Sie diese de- oder wieder aktivieren, ohne Sie vollständig zu entfernen. Über die Feststelltaste SHOW BREAKPOINTS SUPPORTED BY SELECTED TARGET haben Sie außerdem die Möglichkeit, alle nicht zum aktuell geöffneten Entwicklungsobjekt gehörenden Breakpoints auszublenden. Dann bleiben nur noch die für dieses Objekt relevanten in der Liste bestehen, und Sie haben eine bessere Übersicht.

Die Ausnahme- und Anweisungs-Breakpoints können Sie über den Menüpunkt ADD ABAP BREAKPOINT setzen (vgl. Abbildung 5.4). Für beide Arten öffnet sich nach der Auswahl ein neues Fenster. Hier legen Sie für Anweisungs-Breakpoints das Schlüsselwort und für Ausnahme-Breakpoints die Ausnahmeklasse, für die dieser gelten soll, fest.

Beide Arten werden standardmäßig als weiche Breakpoints angelegt und lösen damit keine Debugger-Session aus, solange noch keine geöffnet ist. Sie können allerdings über die Breakpoint-Eigenschaften zu »harten« Breakpoints umgewandelt werden.

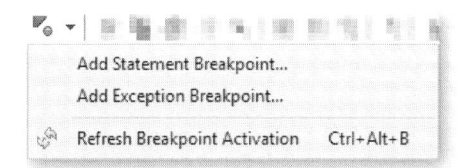

Abbildung 5.4: Anweisungs- und Ausnahme-Breakpoint setzen

Projekt-Auswahl

Da die beiden gerade vorgestellten Breakpoint-Arten nicht im Quelltext gesetzt werden können, wird das aktuell geöffnete Projekt als Wirkungsbereich vorgeschlagen. Zur Sicherheit lohnt sich ein Blick auf den Projektnamen, bevor Sie die jeweilige Bedingung für den Breakpoint auswählen (vgl. Abbildung 5.5).

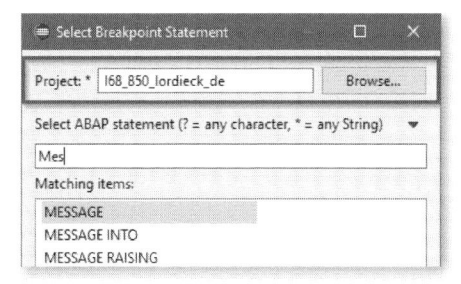

Abbildung 5.5: Projektbezug des Breakpoints prüfen

5.2 Oberfläche der Debug-Perspektive

Um den Debugger oder vielmehr die für den Debugger in Eclipse vorgesehene Perspektive zu öffnen, reicht wie in der SAP GUI ein aktiver (harter) Zeilen-Breakpoint bei der Ausführung eines Programms. Sobald ein solcher erreicht ist, werden Sie gefragt, ob die Debug-Perspektive verwendet werden soll.

Wenn Sie die Frage bestätigen, wechselt Ihre Entwicklungsumgebung in die genannte Perspektive und öffnet die damit standardmäßig verknüpften Views. Ihre Ansicht sollte von den Elementen her dann in etwa Abbildung 5.6 entsprechen.

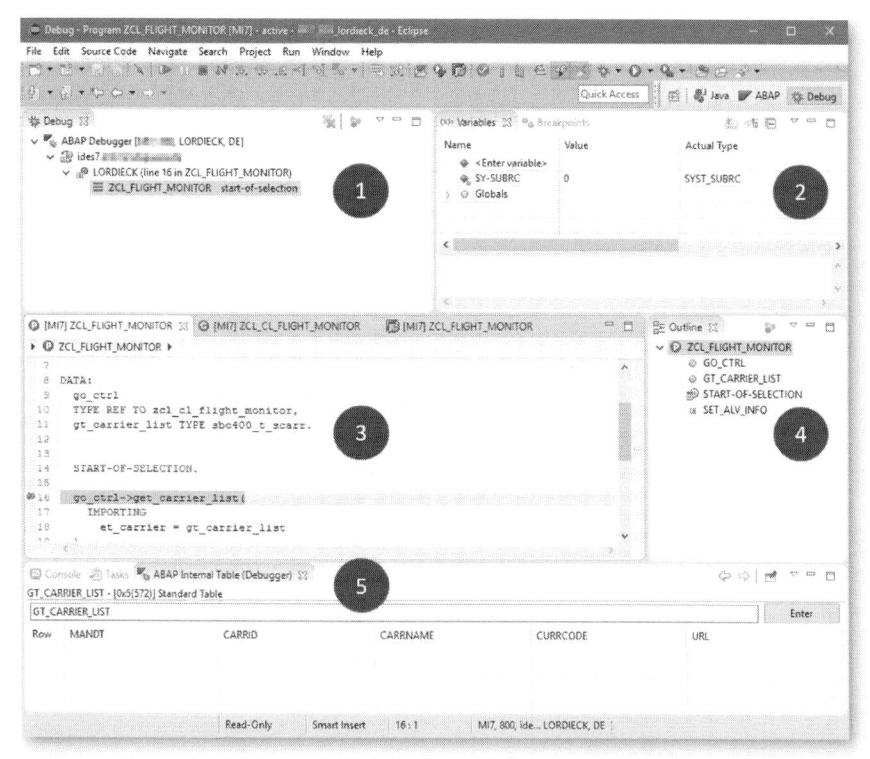

Abbildung 5.6: Standard-Ansicht der Debug-Perspektive

Die erste View (❶) oben links heißt DEBUG und stellt den sogenannten *Aufruf-Stack* dar. Hier können Sie also sehen, welche Programme, Funktionsbausteine, Klassen usw. gerade an der Ausführung beteiligt sind. Da diese Funktion aus der SAP GUI bekannt sein sollte, gehe ich nicht näher darauf ein.

Als zweiten Bereich (❷) finden Sie rechts oben die beiden Views VARIABLES und BREAKPOINTS. Letztere habe ich im vorangegangenen Abschnitt schon vorgestellt, daher konzentriere ich mich jetzt auf die *Variables-View* (siehe Abbildung 5.7).

Name	Value	Actual Type
<Enter variable>		
∨ GT_CARRIER_LIST	[18x5(572)] Standard Ta...	SBC400_T_SCARR
> [1...10]		SBC400_T_SCARR
> [11...18]		SBC400_T_SCARR
SY-SUBRC	0	SYST_SUBRC
> Globals		

Abbildung 5.7: Variables-View mit Tabelle

In die oberste Zeile können Sie spezifische Variablen-Namen eingeben und diese zur Liste hinzufügen. Beispielhaft sehen Sie dort neben den Standard-Einträgen für SY-SUBRC und Globals, hinter dem sich die global verfügbaren Variablen verbergen, die Tabelle GT_CARRIER_LIST. Eine tolle Funktion dieser View ist, dass über das Aufklappen direkt die Werte der Variablen angezeigt werden können. Dabei werden Tabellen in Zehner-Blöcke unterteilt, um die View übersichtlich zu halten. Für die Anzeige des gesamten Tabelleninhalts kommt die ABAP INTERNAL TABLE VIEW zum Einsatz, die Sie in Abbildung 5.6 unter Punkt ❺ finden. Sie hat einige selbsterklärende Funktionen, die Sie über das Kontextmenü zu einer Tabellenzeile erreichen und die hier nicht näher betrachtet werden.

Zusätzlich zur manuellen Eingabe eines Variablen-Namens können neue Variablen in diese View auch ganz intuitiv über einen Doppelklick auf die Variable im Quelltext des Editors eingefügt werden.

In der Variables-View können Sie wie im Debugger der SAP GUI auch die Variablen-Werte manipulieren, indem Sie in die Zelle der Spalte VALUE klicken und den gewünschten Wert eintragen. Mit Bestätigung durch die ⏎-Taste wird der Wert übernommen, sofern Sie die Berechtigung dazu haben.

Die Editor-View unter Punkt ❸ ist die gleiche, die Sie zuvor (vgl. Abschnitt 3.3) in der ABAP-Perspektive geöffnet haben. Das bedeutet, dass alle zuvor geöffneten Entwicklungsobjekte auch im Debugger als Tabs aufgeführt sind. Dadurch kann es hier durchaus etwas unübersichtlich werden. Sie können sich aber darauf verlassen, dass Sie beim Durchlaufen der Anweisungen immer in das richtige Entwicklungsobjekt geleitet werden.

> **Quelltext-Änderungen im Debugger**
>
> Rein technisch betrachtet, können Sie in einer aktiven Debugger-Session im Editor den Quelltext verändern. Das führt nicht zu einem Fehler oder einem Abbruch. Allerdings sind die geänderten Zeilen dem ABAP-Stack nicht bekannt, da sie weder gespeichert noch aktiviert wurden. Das kann dazu führen, dass Sie laut Debugger auf einer Quelltext-Zeile stehen, die bei Ihnen im Editor leer ist oder keine gültige Anweisung enthält, in der aktivierten Version jedoch gültig ist. Wenn Sie die Analyse also korrekt weiterführen wollen, ist von Änderungen während einer laufenden Debugger-Session abzusehen.

In der Editor-View wird die nächste auszuführende Anweisung über einen Pfeil und eine grüne Markierung gekennzeichnet (siehe Abbildung 5.8).

```
 35  PERFORM set_alv_info.
```

Abbildung 5.8: Markierung der nächsten auszuführenden Anweisung

Für die in der Einleitung zu Kapitel 5 angesprochene Navigation im Quelltext stehen Ihnen in der Funktionsleiste der Debug-Perspektive in Eclipse neue Funktionen zur Verfügung (vgl. Abbildung 5.9). In der Reihenfolge von links nach rechts sind das:

- Alle Breakpoints überspringen,
- Fortfahren = Ausführen (engl.: Resume) [F8],
- Anhalten (engl.: Suspend),
- Beenden (engl.: Terminate) – beendet die Ausführung,
- Verbindung unterbrechen (engl.: Disconnect) – entspricht der Funktionsweise von Beenden,
- In die Anweisung springen (engl.: Step into) [F5],
- Anweisung ausführen (engl.: Step over) [F6],
- Aus Anweisungsblock zurückkehren (engl.: Step return) [F7],
- Ausführen bis zur gewählten Zeile (engl.: Run to Line),
- Springen zur gewählten Zeile (engl.: Jump to Line).

Abbildung 5.9: Neue Funktionstasten der Debug-Perspektive

Die jeweilige Funktionalität entspricht dem aus der SAP GUI bekannten Verhalten des Debuggers und wird daher nicht näher erläutert. Wenn in der Aufzählung keine Tastenkombination steht, ist für diese Funktion in Eclipse keine vergeben. So können Sie z. B. für AUSFÜHREN BIS ZUR GEWÄHLTEN ZEILE nicht wie im ABAP Debugger [⇧] + [F8] drücken, sondern sind auf die entsprechende Funktionstaste angewiesen.

Eine nützliche Funktion, um ein Überladen der VARIABLES-View zu vermeiden, ist das Anzeigen der Variablen-Werte, sobald Sie den Mauszeiger über den Namen halten (engl.: Mouseover). Es erscheint ein kleines Fenster, das Ihnen den Typ und den Inhalt (sofern vorhanden) der Variablen anzeigt (vgl. Abbildung 5.10).

Das erspart Ihnen Einzelprüfungen zahlreicher Variablen und hält Ihre Liste auf Dauer übersichtlich.

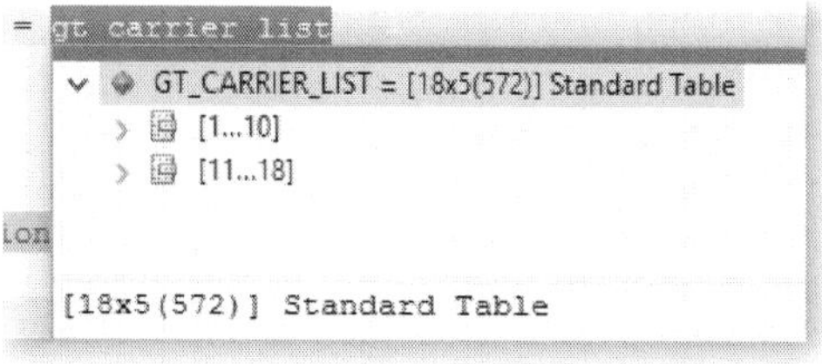

```
gt_carrier_list
  v  ● GT_CARRIER_LIST = [18x5(572)] Standard Table
  >  🗐 [1...10]
  >  🗐 [11...18]

[18x5(572)] Standard Table
```

Abbildung 5.10: Inhalt der Variablen wird bei Mouseover angezeigt

Als letzte noch offene Perspektive ist die aus Abschnitt 4.6.2 bekannte OUTLINE-View (❹) in Abbildung 5.6 in die Debug-Perspektive eingebettet. Darin sehen Sie die Komponenten des Entwicklungsobjekts, in dem Sie sich gerade in Ihrer Programmausführung befinden. Ob diese für Sie von Nutzen ist oder ob Sie sie entfernen/ausblenden/ersetzen, steht Ihnen völlig frei. Der Vollständigkeit halber habe ich sie dennoch mit aufgeführt.

Damit haben Sie alle notwendigen Views und Funktionen, um sich sicher durch den Debugger zu bewegen und Ihre Programmabläufe zu analysieren. Tatsächlich sind die Unterschiede, abgesehen von der andersartigen Oberfläche, in den grundlegenden Funktionen gar nicht so groß. Ich bin mir sicher, dass Sie sich schnell zurechtfinden und Ihre eigenen Tricks entwickeln werden, um die Analyse-Möglichkeiten bestmöglich auszuschöpfen.

6 Fazit/Ausblick

Sie haben es geschafft – Sie haben den Grundstein für einen zukunftsweisenden Wechsel raus aus der ABAP Workbench, und damit der Entwicklung in der SAP GUI, hinein in die ABAP Development Tools in Eclipse gelegt.

Auf den vorangegangenen Seiten haben Sie neben einem allgemeinen Überblick über die Beweggründe der SAP zur Nutzung der Entwicklungsumgebung Eclipse bereits erste Erfahrungen im Umgang mit ihr gesammelt: Sie haben Ihre eigene Eclipse-Installation eingerichtet, die notwendigen Funktionen und Menüs für eine erfolgreiche Entwicklertätigkeit kennengelernt und (hoffentlich) auch bereits ausprobiert.

Damit sind Sie jetzt in der Lage, der ABAP Workbench den Rücken zuzuwenden und sich voller Entdeckerlust in die Arbeit mit der Eclipse IDE zu stürzen. Mit Sicherheit werden Sie noch diverse weitere Funktionen finden, die für Sie persönlich von Nutzen sind. Auch zukünftige Aktualisierungen werden die Entwicklertätigkeit sicherlich weiter vereinfachen und verändern. Jetzt sind Sie gewappnet – nicht nur für die ABAP-Entwicklung in Eclipse, sondern auch für das, was im Zusammenhang mit den strategischen Themen der SAP wie die Entwicklung von Funktionen für die In-Memory-Datenbank SAP HANA noch kommen wird.

Über die reine ABAP-Entwicklung in Eclipse hinaus gibt es schon jetzt viele weitere nützliche Funktionen, die Ihnen seitens der SAP zur Verfügung gestellt werden und sich in Ihre Eclipse IDE einbinden lassen. Einen Eindruck davon haben Sie in Abschnitt 1.1 erhalten: Sie reichen von Plugins für Web Dynpro ABAP über die Unterstützung von SAP-HANA-Entwicklungen bis hin zu SAP-BW-Funktionen und einem Plugin für SAP UI5. Letzteres ist SAP-seitig allerdings schon wieder veraltet; alternativ wird voll auf die SAP WebIDE in der SAP HANA Cloud Platform (SAP HCP) gesetzt.

Mit Ihren bis hierhin gemachten Erfahrungen sind Sie ohne Weiteres in der Lage, sich auch in die genannten Eclipse-Plugins einzuarbeiten und dort sicher zu bewegen. Nach der ersten Eingewöhnungsphase in der Umstellung auf eine andersartige Entwicklungsumgebung finden Sie hoffentlich genauso schnell wie ich Gefallen am flexiblen Aufbau der Oberfläche und der nach einer zugegebenermaßen etwas nervenaufreibenden Umstellung auf die neuen Tastenkombinationen dann doch sitzenden Navigation sowie den vielen Hilfsmitteln zur Arbeitserleichterung.

Wie bereits erwähnt, werden sowohl die Entwicklungsumgebung Eclipse (nicht durch die SAP) als auch die ABAP Development Tools for Eclipse ständig weiterentwickelt und neben den Veränderungen im ABAP-Stack auch an die aktuellsten Neuerungen der Eclipse IDE angepasst. Über den entsprechenden Kanal des SAP Community Networks (SCN) für die ABAP-Entwicklung in Eclipse hält Sie Thomas Fiedler über neue Funktionen und herausgegebene Versionen stets auf dem Laufenden: *http://scn.sap.com/community/abap/eclipse*. Auch Fragen und Probleme werden dort bestmöglich beantwortet und direkt durch das SAP-Entwicklungsteam gelöst.

Einmal installiert, können Sie Ihre Entwicklungsumgebung ganz einfach über das Menü HELP • CHECK FOR UPDATES auf den neusten Stand bringen und sind damit zumindest Eclipse-seitig unabhängig von Release-Wechseln, um die nächsten Verbesserungen nutzen zu können.

Mein persönliches Fazit zu Eclipse als Entwicklungsumgebung: Ich möchte nicht zurück in die ABAP Workbench. Mit Widerwillen nutze ich sie noch für nicht in den ADT umgesetzte Funktionen in der SAP GUI und wechsle immer so bald wie möglich wieder zurück in die Eclipse IDE, die mir an so vielen Stellen lästige Arbeit abnimmt. Sie ist noch lange nicht vollständig ausgereift, aber gerade im Bereich der ABAP-Entwicklung schon wesentlich weiter, als die ABAP Workbench es jemals war. Auch aktuelle Technologien wie das Business Object Processing Framework (BOPF) als zukunftsweisendes Entwicklungsframework werden dort bereits unterstützt und immer stärker in Eclipse integriert. Eine derzeit noch große Herausforderung für Unternehmen ist es, auf den aktuell erforderlichen SAP-NetWeaver-Releasestand zu kommen, um wirklich alle verfügbaren Funktionen nutzen zu können (vgl. Abschnitt 1.4). Da dieses Problem aber in der Regel ein rein zeitliches ist und sich damit in wenigen Jahren bei den meisten meiner Kunden von selbst erledigt, freue ich mich schon jetzt darauf, bei zukünftigen Entwicklungsprojekten von den Kollegen nur kurz im Chat einen ADT-Link auf die benötigte Implementierungs-Zeile geschickt zu bekommen.

7 Tastenkombinationen

Wie versprochen erhalten Sie noch eine Liste nützlicher Tastenkombinationen, die Ihnen viele Menüpfade ersparen und die Arbeit mit den ADT komfortabel und effizient gestalten helfen. Über diese Kombinationen hinaus funktionieren auch die betriebssystemspezifischen Funktionen, wie z. B. unter Windows `Strg` + `C` zum Kopieren oder `Strg` + `F` zum Suchen.

Einige Tastenkombinationen stehen im Konflikt mit den aus der SAP GUI bekannten. Diese sind **hervorgehoben**, um direkt die Unterschiede ausfindig machen zu können.

Diese Liste ist nur ein Auszug aller möglichen Funktionen, die Sie über Tastenkombinationen erreichen können. Erweiterte Listen finden Sie ebenfalls in der SCN-Community. Außerdem sind verfügbare Kurzwahltasten auch an den entsprechenden Menüeinträgen vermerkt.

7.1 Bearbeitung

Funktion	Tastenkombination
inaktives Objekt aktivieren	`Strg` + `F3`
alle inaktiven Objekte aktivieren	`Strg` + `⇧` + `F3`
Objekt prüfen	`Strg` + `F2`
Editor schließen	`Strg` + `W`
alle Editoren schließen	`Strg` + `⇧` + `W`
Code-Vervollständigung	`Strg` + `   `
Zeile löschen	`Strg` + `D`
Pretty Printer/Quelltext formatieren	`⇧` + `F1`
Schlüsselwort vervollständigen	`⇥`
Wort markieren	Doppelklick
Zeile markieren	Dreifachklick

139

Funktion	Tastenkombination
neues ABAP-Entwicklungsobjekt	`Strg` + `⇧` + `N`
Quick Fix	`Strg` + `1`
Umbenennen	`Alt` + `⇧` + `R`
Speichern	`Strg` + `S`
alle Änderungen speichern	`Strg` + `⇧` + `S`
Zeile nach oben duplizieren	`Strg` + `Alt` + `↑`
Zeile nach unten duplizieren	`Strg` + `Alt` + `↓`
Zeile zum Kommentar machen	`Strg` + `<`
Zeilenkommentar löschen	`Strg` + `⇧` + `<`
Zwischen Kommentar umschalten	`Strg` + `7`
ungenutzte Variablen löschen	`Alt` + `U`
ungenutzte Variablen im markierten Bereich löschen	`Alt` + `⇧` + `U`

7.2 Navigation und Suche

Funktion	Tastenkombination
Entwicklungsobjekt öffnen	`Strg` + `⇧` + `A`
Outline öffnen	`Strg` + `O`
SAP GUI öffnen	`Strg` + `6`
Vorwärtsnavigation	`F3` oder `Strg` + Linksklick
Navigation zur Deklaration	`⇧` + `F3`
Kontextmenü anzeigen	`Strg` + `F10`
ABAP-Sprachhilfe (F1-Hilfe)	`F1`
ABAP Element Info anzeigen	`F2`
Verwendungsnachweis anzeigen	`Strg` + `⇧` + `G`
aktuelle View maximieren	`Strg` + `M`
zur letzten Bearbeitungszeile navigieren	`Strg` + `Q`

Die E-Book-Flatrate für unsere
digitale SAP-Bibliothek

Mobil, flexibel und praxisnah!

Mehr Informationen unter:

http://onleihe.espresso-tutorials.com

espresso tutorials

Sie haben das Buch gelesen und sind mit unserem Werk zufrieden? Bitte schreiben Sie uns eine Rezension!

Unser Newsletter

Wir informieren Sie über Neuerscheinungen und exklusive Gratisdownloads in unserem Newsletter.

Melden Sie sich noch heute an unter
http://newsletter.espresso-tutorials.com

A Der Autor

Christoph Lordieck hat ein duales Studium zum Bachelor of Science in Wirtschaftsinformatik an der Dualen Hochschule Baden-Württemberg (DHBW) in Mosbach in Kooperation mit einem führenden deutschen Energieversorger abgeschlossen.

Im Anschluss ist er direkt in die technische SAP-Beratung eingestiegen und absolvierte bei der mindsquare GmbH die zentrale SAP-Entwickler-Zertifizierung TAW12. Als Senior Consultant der mindsquare GmbH und Manager im Fachbereich »erlebe-software.de« führt er seit drei Jahren modulübergreifende Entwicklungsprojekte der Kunden zum Erfolg. Dabei beschäftigt er sich mit aktuellsten SAP-Entwicklungstechnologien wie dem Floorplan-Manager (FPM), dem Business Object Processing Framework (BOPF), SAP Screen Personas und eben auch der ABAP-Entwicklung in Eclipse – als Teil der täglichen Arbeit und getrieben vom zentralen Motto der mindsquare (core value): »Besser werden als man ist«.

B   Index

A

ABAP Annotations 53
ABAP Development Tools 13, 22
ABAP Doc 73
ABAP Repository Object Siehe *ABAP-Entwicklungsobjekt*
ABAP Workbench 11, 39, 52, 59, 90
ABAP-Entwicklungsobjekt 40, 41
   anlegen 39
ABAP-Perspektive 32
   Informationsleiste 37
   Menüleiste 34
ABAP-Projekt 28, 32, 55, 90
ADT Siehe *ABAP Development Toolsr*
ADT-Link 115
Arbeitsoberfläche siehe *ABAP-Perspektive*
Aufgabenliste 118, 122
Aufruf-Stack 131
Auto-Vervollständigung *siehe Code-Vervollständigung*

B

Backend-Konfiguration 19
Bookmark Siehe *Lesezeichen*
Breakpoint 125
Anweisungs-Breakpoint 128
Ausnahme-Breakpoint 128
bedingter Breakpoint 127
Breakpoint-Eigenschaften 127
View 128
weicher Breakpoint 127
Zeilen-Breakpoint 126

C

Code Completion Siehe *Code-Vervollständigung*
Code-Vervollständigung 59

D

Daten-Vorschau 98
DDIC-Element 51
Debugger 125
Debug-Perspektive 130, 133
Debug-View Siehe *Aufruf-Stack*
Dokumentation 72

E

Eclipse IDE 11, 12, 15, 21, 23
   ABAP-Projekt 16
   Aktionsleiste 35
   Perspektive 17
   Plattform 17
   Plugins 17, 24
   View 17
   Workbench 17, 24

Workspace 17
Editor-View 37, 47, 132
Entwicklungsobjekt 74, 95
Error-Zeichen 65

F

Favoritenpaket 46
Filtern von Werten 99
Funktionsbaustein
   anlegen 54

I

integrierte SAP GUI 42

J

Join 101

K

Kettensatz 74
Kurztext 80

L

Langtext 72
Lesezeichen 111
Link with Editor 90

M

Muster 62

O

Objekt
   aktivieren 49
   Paket 42
   Programm 45
   prüfen 49, 139
   suchen 63, 97

Outline-View 91, 92, 134

P

Paketzuordnung ändern 101
Perspektive wechseln 36
Plugin 12, 21, 135
Problems View 68
Programm ausführen 50
   ABAP Application 51
   ABAP Test Cockpit 51
   ABAP Unit Test 51
Project Explorer 90, 92
Pseudo-Syntax 57

Q

Quelltext ändern 132
Quelltextvergleich 105
Quick Access 35, 110
Quick Assist 103, Siehe *Quick Fix*
Quick Assist View 72
Quick Fix 69, 76

R

Repository anbinden 120

S

Single Sign-On 30
Source Code 104
Sperre 49, 102
SQL-Konsole 99
Struktur anlegen 52
Syntax-Prüfung 37, 64, 72
System Library 90

T

Task List Siehe *Aufgabenliste*
Task Repository 119
Template Siehe *Vorlage*
　Variable 88
Templates-View 86
Textelement 102
Transport 47
Transport Organizer 112

V

Variablen, ungenutzte 104

Variables-View 131
Vergleich, systemübergreifend 110
Versionsvergleich 106
Verwendungsnachweis 49
Vorlage 56, 85
　Kontext 87
　Pattern 88
Vorwärtsnavigation 62, 93
VPN-Verbindung 31

W

Wildcard 63, 95, 114

C Disclaimer

Die in diesem Werk wiedergegebenen Gebrauchsnamen, Handelsnamen, Warenbezeichnungen usw. können auch ohne besondere Kennzeichnung Marken sein und als solche den gesetzlichen Bestimmungen unterliegen. Sämtliche in diesem Werk abgedruckten Bildschirmabzüge unterliegen dem Urheberrecht der SAP SE, Dietmar-Hopp-Allee 16, 69190 Walldorf.

In dieser Publikation wird auf Produkte der SAP SE Bezug genommen. SAP, R/3, SAP NetWeaver, Duet, PartnerEdge, ByDesign, SAP BusinessObjects Explorer, StreamWork und weitere im Text erwähnte SAP-Produkte und Dienstleistungen sowie die entsprechenden Logos sind Marken oder eingetragene Marken der SAP SE in Deutschland und anderen Ländern. Business Objects und das Business-Objects-Logo, BusinessObjects, Crystal Reports, Crystal Decisions, Web Intelligence, Xcelsius und andere im Text erwähnte Business-Objects-Produkte und Dienstleistungen sowie die entsprechenden Logos sind Marken oder eingetragene Marken der Business Objects Software Ltd. Business Objects ist ein Unternehmen der SAP SE. Sybase und Adaptive Server, iAnywhere, Sybase 365, SQL Anywhere und weitere im Text erwähnte Sybase-Produkte und -Dienstleistungen sowie die entsprechenden Logos sind Marken oder eingetragene Marken der Sybase Inc. Sybase ist ein Unternehmen der SAP SE. Alle anderen Namen von Produkten und Dienstleistungen sind Marken der jeweiligen Firmen. Die Angaben im Text sind unverbindlich und dienen lediglich zu Informationszwecken. Produkte können länderspezifische Unterschiede aufweisen.

Der SAP-Konzern übernimmt keinerlei Haftung oder Garantie für Fehler oder Unvollständigkeiten in dieser Publikation. Der SAP-Konzern steht lediglich für Produkte und Dienstleistungen nach der Maßgabe ein, die in der Vereinbarung über die jeweiligen Produkte und Dienstleistungen ausdrücklich geregelt ist. Aus den in dieser Publikation enthaltenen Informationen ergibt sich keine weiterführende Haftung.

Weitere Bücher von Espresso Tutorials

Antje Kunz:

SAP® Legacy System Migration Workbench (LSMW)

- ▶ Datenmigration ohne Programmierung
- ▶ Ausführliche Praxisbeispiele
- ▶ SAP LSMW verständlich erklärt
- ▶ Tipps und Tricks für eine erfolgreiche Datenmigration

http://5030.espresso-tutorials.com

Dr. Boris Rubarth:

Schnelleinstieg in ABAP®

- ▶ Schritt-für-Schritt-Anleitungen für Anfänger
- ▶ Hilfen für Ihre erste eigene ABAP-Anwendung
- ▶ Nachvollziehbare Erläuterungen und Code-Beispiele
- ▶ Tipps und Tricks für das Programmieren in ABAP

http://5033.espresso-tutorials.com

Thomas Stutenbäumer:

SAP® Praxishandbuch ABAP Teil 1 – Konzeption, Entwicklung und Debugging

- ▶ Anforderungen und die Konzeption einer Lösung
- ▶ Debuggen für Einsteiger und Fortgeschrittene
- ▶ Das SAP Data Dictionary verstehen und verwenden
- ▶ Professionelle ABAP-Entwicklung

http://5046.espresso-tutorials.com

Rüdiger Deppe:

Schnelleinstieg in SAP® ABAP Objects

- ▶ ABAP Objects verständlich erklärt
- ▶ ABAP OO Programme planen, konzipieren und realisieren
- ▶ Zahlreiche Übungsprogramme und SAP-Screenshots
- ▶ ABAP OO-Klassen und deren Objektverarbeitung

http://5094.espresso-tutorials.com

Thomas Stutenbäumer:

SAP® Praxishandbuch ABAP Teil 2 – Performance, Erweiterungen, Transportwesen

- ▶ Einfluss des Entwicklers auf die Performance
- ▶ Änderungen und Erweiterungen am SAP-Standard
- ▶ Zugriffsschutz und Berechtigungen im SAP
- ▶ Das SAP-Transportwesen

http://5111.espresso-tutorials.com

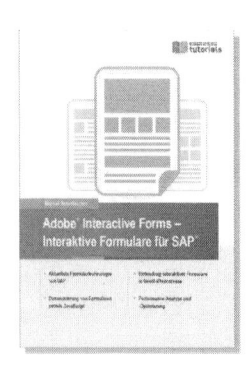

Marcel Schmiechen:

Adobe® Interactive Forms – Interaktive Formulare in SAP®

- ▶ Aktuellste Formulartechnologie von SAP
- ▶ Interaktive Formulare in Geschäftsprozesse einbinden
- ▶ Dynamisierung von Formularen mittels JavaScript
- ▶ Performance-Analyse und -Optimierung

http://5125.espresso-tutorials.com